사랑하고 존경하는

_____께 드립니다.

막힌 길 열어주신

하나님

김태빈 지음

엘맨
하나님의 사람을 만들어 가는 ELMAN

막힌 길 열어주신

하나님

초판1쇄 2021년 4월 10일

지은이 : 김태빈
펴낸이 : 이규종
펴낸곳 : 엘맨출판사
등록번호 : 제13-1562호(1985.10.29.)
등록된곳 : 서울시 마포구 토정로222
　　　　　　한국출판콘텐츠센터 422-3
전화 : (02) 323-4060,6401-7004
팩스 : (02) 323-6416
이메일 : elman1985@hanmail.net
www.elman.kr

ISBN : 978-89-5515-685-0 03230

값 12,800 원

막힌 길 열어주신

하나님

김태빈 지음

엘맨
하나님의 사람을 만들어 가는 ELMAN

목 차

들어가면서

이 책은 나의 자랑도 아니며 나의 넋두리도 아닙니다. 나의 가는 인생 여정에서 힘들고 어려울 때마다 막혔던 그 길을 열어주시고 힘이 되어 주셨던 분!

그 하나님을 자랑하고 싶고!

그 하나님을 사랑하고!

그 하나님께 감사드리고!

전지 전능하신 하나님께 영광을 돌리고 싶어서 이 글을 쓰게 되었습니다.

문법도 잘 모르고 멋있는 문장도 기교를 부릴 줄도 모르고 그저 있는 그대로를 쓰다 보니 촌스럽기도 합니다,

금번 나는 뜻하지 아니하는 무서운 병에 걸려서 4개월간의 투병생활을 한 적이 있습니다.

50여 일 간 중환자실에서 치료를 받던 중 20여일 경에 나는 분명히 내 마음을 진동하는 강력한 음성을 들었습니다.

그리고 나의 살아온 과거의 나의 모습들을 영화의 스크린의 한 장면 한 장면의 모습들을 보듯이 생생하게 나는 보았습니다.

지나간 나는 과거의 일들은 나름대로 최선을 다하며 살아왔다고 생각하여 왔는데 내가 한일들은 오직 실수하고 실패로 점철된 나날 들이었습니다.

그때마다 하나님께서 나로 하여금 극복하게 하시고 새 길 만들어 주셔서 내가 그 길을 보람되게 걸어 갈 수 있었습니다.

그러니 내가 한 일은 허물투성이 었으며 조금이라도 잘 한 일이라고 생각한 것들은 모두가 하나님께서 간섭하시고 역사하셨던 하나님께서 하셨던 것들이었습니다.

이 책은 오직 허물 투성이인 나의 모든 것을 선으로 바꾸셨던 하나님께 영광을 돌려 드리며 그 하나님을 높이고 자랑하려는 의도로 이 글을 하나님께서 보여 주신 사건들을 지면에 옮겼습니다.

창원 전원교회에서

2014년 10월 1일
저자 김태빈

개척 교회를 시작하면서

나이 50이 넘어서 교회를 개척한다는 것은 여러 면으로 볼 때에 어려운 일입니다.

더욱이 나는 개척할 때에는 아무런 자금이 없는 상태에서 개척을 하였습니다. 또한 꿈에도 그리던 전원교회를 한답시고 개척 1년 6개월 만에 4000여 평의 과수원을 구입한다는 것은 불가능한 일이였습니다.

그러나 전적인 하나님의 은혜와 말로 다할 수없는 세밀하신 하나님의 은총으로 꿈이 이루어졌습니다.

한창 아파트가 완공이 되어 새로 입주하는 대방동에서 상가를 얻으려 하니 전세나 월세는 줄 수 없고 분양을 하라고 하였습니다.

개척 자금도 없이 시작하였는데 분양을 받으려고 하니 말로 듣던 몇 억이라는 말에 기가 질려 입만 크게 벌리고 말을 할 수가 없었습니다.

감히 상상 할 수조차 없는 엄청난 많은 금액이기에 포기하려고 했습니다.

그 때에 건축주가 나를 불쌍하게 보았던지 계약금만 주고 약 4-5개월 후에 되는대로 달라고 하여 용기를 내어서 계약을 하였습니다.

그리고 중고 성구를 구입하여 첫 예배를 드리고 난 후 3 개월 뒤 하나님의 은혜로 성도들이 4, 50명이 모이게 되었습니다. 나이가 든 상태에서 개척을 하려고 하니 부끄럽기도 하였으며 그렇다고 어느 교회 어느단체에 도움을 부탁할 용기가 없었습니다. 오직 하나님만 바라보고 시작하였습니다.

그저 믿음으로 꿇어 엎드려 기도하면서 세워진 교회가 창원전원교회입니다.

또한 땅을 매입하기 위하여 건축 헌금이라든가 부지 매입 헌금을 한 적도 없습니다.

물론 재정적인 어려움이 없었다는 것은 아닙니다. 그리고 나름대로 전원교회가 갖추어야 할 여러 가지 일들은 하나님의 전폭적인 도우심과 하나님께서 그때 그때 마다 지혜를 주시므로 오늘의 아름다운 전원교회를 세울 수 있었습니다.

이곳을 방문하는 많은 분들이 정말 아름다운 교회라고 칭송 하는 말들을 많이 들었습니다. 책 말미에 어려웠던 일 또한 즐거웠던 일들도 한번 써보려고 합니다.

장로 장립식

전원교회를 시작하여 조립식으로 40여 평의 소박하게 지은 조그마한 예배당에서 하나님의 은혜로 개척한 지 3년 뒤에 장로 장립식을 거행하게 되었습니다.

그러나 예배당도 좁고 초청 받아 오신 많은 분들을 접대하는 일과 좁은 공간에서 예배드린다는 것이 너무나 어려운 상황이었습니다.

마침 전원교회를 조성하면서 야외 강당을 아름답게 만들었습니다. 그곳에서 장립식을 거행하기로 결정을 하였습니다. 기대에 젖어있는 장로 장립식을 거행키 위하여 초청장을 보낸 날이 내일로 다가왔습니다.

그런데 웬일인지 하루 종일 비가 멈추지를 않고 하염없이 주룩 주룩 쏟아지고 있어서 준비하는데 이만 저만 걱정이 되는 게 아니었습니다.

장립 받는 분들의 걱정 섞인 말과 준비하는 분들의 이야기는 모든 것을 책임지고 준비하는 나를 힘들게 하였습니다.

그래도 나를 믿고 내일이면 비가 오지 아니 할 거라는 확신에 차서 나에게 용기를 주시는 분들이 많아서 나에게는 큰 위로가 되기도 하였습니다.

그러한 가운데에서 서로 서로 웃음을 잃지 아니하며 부정적인 말이 나올 수 있는 상황이었는데도 참아가며 믿음으로 준비를 하였습니다.

성도들 중에는 우리 교회에서 행사를 할 때에 비가 오는 것을 보았느냐고 하나님께서 반드시 맑은 날을 주실 것이라고 강하게 주장하는 분들이 있었습니다.

이 말은 나에게 얼마나 많은 용기를 주었는지 그분들이 너무나 고맙기만 합니다.

걱정과 설렘으로 기다림 속에서 아침이 밝아 왔으나 하늘은 캄캄하였습니다.

온 지면에는 비가 계속 쏟아지고 있었으며 좀처럼 비가 멈출 기미조차 보이지 않을 뿐만 아니라 천둥소리가 천지를 흔들어 놓고 있었습니다.

지금껏 말없이 걱정하며 준비하는 분들은 어떻게 할 것인가고 나에게 물어왔습니다.

그래도 나의 마음을 상하지 않게 하려고 준비하는 분들 중에는 하는 수 없이 좁은 예배당 안에서 불편하더라도 장립식을 해도 되지 않겠느냐고 조심스럽게 제안을 하기도 하였습니다.

그러면서도 가능한 빨리 결정하여 준비해야 되지 않겠느냐고 서둘러 결정할 것을 주장하였습니다.

나의 마음도 흔들렸으나 언제나 나에게 변함없으시고 사

랑해 주시는 하나님이 계시기에 이런 가운데에서도 하나님
을 믿기로 하였습니다.

그리고 나는 야외 강당에서 예식을 거행한다고 준비하라
고 하였습니다.

나 역시 장로 장립 예식을 위하여 비를 맞아가면서 열심
히 준비하였습니다.

야외 강당에 현수막과 방송설치 및 여러 가지를 준비하는
중에도 비는 하염없이 내리고 있어서 준비하는 나와 성도들
의 옷은 흠뻑 젖었습니다.

준비하면서도 여러 가지 생각이 들었고 의심도 들었습니
다. 내가 너무 심한 고집은 부리고 있지 아니하는가 라는 생
각이 들기도 하였습니다.

그러면서도 비를 맞으면서 목사의 말에 순종하면서 준비
하시는 모든 분들에게 죄송한 마음도 있었으며 고마운 마음
도 가지고 있었습니다.

여러 가지 복잡한 마음으로 기도하면서 준비하는 중에 시
간은 점점 흘러갔습니다.

그런데 오전 11시에 예식이 시작되는데 10시 20분경에
놀랍게도 우리 교회당 야외강당에만 햇빛이 비추었습니다.

우리 전원교회 외의 다른 곳에는 하늘이 캄캄할 뿐만 아
니라 천둥과 번개 그리고 비가 심하게도 내리고 있는 것을
볼 수가 있었습니다.

무어라고 표현하기 어려우리만큼 바로 산 넘어 진해 쪽에는 번개와 천둥소리 그리고 캄캄한 상태에서 비는 쏟아지고 있었습니다.

우리 창원 전원교회 바로 밑에 있는 대방동과 팔용동 지역에는 역시 번개와 천둥소리가 캄캄한 상태에서 비는 쏟아지고 있었습니다.

장로 장립식을 거행하려고 하는 우리 창원 전원교회의 야외 강당에만 구멍이 뚫린 듯이 햇빛이 찬란하게 내려 쬐이기 시작한 상황이었기에 표현하기 어려우리 만큼 감격 바로 그 자체였습니다.

비로 인하여 땅은 젖어있는 상태였지만 장로 장립식을 은혜롭게 거행하게되었습니다.

장로 장립식을 거행하는 도중에도 계속 진해 쪽과 대방동, 팔용동에 쪽에서는 천둥소리와 캄캄한 날씨 가운데 비가 쏟아지는 것을 볼 수가 있었습니다.

장립식을 모두 마칠 때까지 우리 교회 주위에는 비 한 방울도 떨어지지도 아니하였고 오히려 햇빛이 찬란하게 비추어졌습니다.

야외 잔디밭에 준비하여둔 점심식사도 어려움 없이 즐길 수 있었습니다.

참석하신 많은 분들의 이야기도 나에게는 감격 그 자체였으며 우리 모든 성도들은 얼마나 기쁘고 감사하였는지 말로 표현할 수조차 없었습니다.

때를 따라 도우시는 하나님께 감사와 찬양을 돌려 드리지 아니할 수 없습니다.

30여 년 전을 돌이켜 보면서

　나는 그날 밤 눈물로 하나님께 감사드리며 30여 년 전의 일들이 기억났습니다.

　하나님께서는 이렇게도 변함없이 은총을 베푸시어 우둔한 자인 나를 시시 때때로 깨닫도록 하시는가를 생각하였습니다.

　"돈을 사랑치 말고 있는 바를 족한 줄로 알라 그가 친히 말씀하시기를 내가 과연 너희를 버리지 아니하고 과연 너희를 떠나지 아니하리라 하셨느니라 그러므로 우리가 담대히 가로되 주는 나를 돕는 자시니 내가 무서워 아니하겠노라 사람이 내게 어찌하리요 하노라 하나님의 말씀을 너희에게 이르고 너희를 인도하던 자들을 생각하며 저희 행실의 종말을 주의하여 보고 저희 믿음을 본받으라. 예수 그리스도는 어제나 오늘이나 영원토록 동일하시니라"(히13:5-8) 는 말씀이 다시금 생각나서 얼마나 감사하였던지 감격 속에서 하나님께 눈물로 찬양을 올려 드렸습니다.

　과연 예수 그리스도는 어제나 오늘이나 영원토록 동일하

신 분이십니다.

내가 우둔하여 하나님의 사랑을 의심하고 불안하여 두려워하였지 하나님께서는 영원히 변함이 없이 사랑하고 항상 도움을 주고 계시는 분이셨습니다.

막힌 길 열어주신 하나님!

그분을 믿기에 그분을 향하여 믿음과 열정과 헌신으로 살아온 이야기들을 함께 하기를 원합니다.

그것은 바로 우리에게서 일어나는 일이며 주님의 역사를 경험하는 것이기에 말입니다.

섬 교회에 부임

부족한 내가 하나님의 부르심을 받고 전도사 때에 부임한 교회들은 나는 별로 충성하지도 못했는 데에도 하나님의 은총으로 부흥이 되어 성장하였었습니다.

어느 날 나는 경남 한산도라는 조그마한 섬에 모 전도사님의 소개로 그곳의 좋은 이야기만을 듣고 호기심으로 가득 차서 소위 선을 보러가게 되었습니다.

그 교회에서 설교를 하고 나니 합격이 되어 그 교회에 부임하게 되었습니다.

충무에서 여객선을 타고 부임지인 교회로 가는데 여객선에 타신 분들의 서로 주고받는 대화 속에는 욕설로 가득 찼으나 정감이 가는 욕들이었고 욕을 들어도 그렇게 기분이 상하지 아니하는 거친 욕들을 섞어가며 대화를 나누고 있었습니다.

처음 듣는 거친 대화였으므로 나로 하여금 긴장감이 들게 하였습니다.

아내와 함께 그리고 하나님께서 선물로 주신 아들과 딸 이렇게 네 식구가 섬 교회에 도착하니 그 교회 성도들이 너무나 반갑게 맞이하여 주었습니다.

난생 처음으로 대하는 넘실거리는 바다 한 복판에서의 섬 생활은 늘 새로웠습니다.

또한 모든 것이 처음 대하는 생소한 일들이기에 긴장 속에서의 나날들이었으나 나에게는 항상 즐겁고 날마다 새롭고 기쁨과 감사 감격이 넘쳤습니다.

새벽 예배를 드리고 아침에 나가보면 해녀로 일하시는 분들이 지금은 잘 알지만 그때 당시는 전혀 모르는 해삼 그리고 방금 잡은 바다 고기랑 전복도 있었고 멍게도 많이 있었는데 그것을 나의 가족들 먹으라고 갖다 놓았습니다.

나는 그것을 먹을 줄 몰라서 우물에서 물을 길러와 민물에 푹 삶아 산에 올라가서 싸리나무를 잘라서 나뭇가지에 꿰어 정성을 들여 말렸습니다.

말린 해삼을 정성껏 포장을 하여 제천에 계시는 부모님이 잡수시라고 가지고 올라갔습니다.

부모님이 무엇이냐고 물으시면 바다에서 잡은 아주 귀한 거라고 하였습니다.

그래서 다시 그것을 삶아서 먹으려고 하면 별로 맛도 없고 먹을 수도 없어서 아깝지만 버리기도 하였으나 부모님은 억지로라도 잡수시려고 했습니다.

머나먼 곳에서 아들이 가지고 왔으므로 입에 맞진 않으셨지만 잡수시려고 하셨던 것입니다.

나의 부모님

나의 아버지는 할아버지 때부터 유교에 심취되어 계신 분이셨습니다.

그러므로 내가 교회에 나가서 예수 그리스도를 구세주로 믿는 것에 대하여 아주 못마땅하게 여겨 오셨으며 나를 미워하시기도 하셨습니다.

더욱 나를 교회에 못나가도록 심하게 핍박도 하신 분이십니다. 저는 4남매 중 막내였으나 교회 나가는 것 때문에 미움을 많이 받았습니다.

나는 육군으로 군 생활을 할 때엔 최전방에서 하게 되었습니다.

군 생활 하는 중에 군종으로 대대에 있는 진중교회에서 예배를 인도하는 일을 하게 되었는데 이는 전적으로 하나님의 은혜였습니다.

최전방에는 6.25 한국전쟁 때에 지뢰를 많이 매설해 두었는데 그 지뢰를 제거한 곳에는 사람이 왕래치 않는 곳인지라 덕덕이 많이도 있었습니다.

나는 그 더덕을 많이 캐서 부모님 잡수시라고 소포로 보내 드렸습니다.

소포를 보내드리면서 편지를 이렇게 썼습니다.

아버지 어머니, 이 더덕은 지뢰밭에서 캐낸 아주 귀한 것입니다.

저의 동료들 중에는 이 더덕을 캐다가 지뢰를 밟아 죽은 동료들도 있습니다. 부모님께서 이 더덕을 다 잡수기 전에 교회 나아가시어 예수님을 믿고 구원을 받으시면 얼마나 좋겠습니까마는 교회에 나가시지 아니하시고 예수 그리스도를 구세주로 영접하시지 아니하신다면 저는 또 더덕을 캐려고 위험한 지뢰밭에 들어가서 캘 것입니다.

그러하오니 부디 교회에 나가시어 예수님을 믿어 구원함을 받으시길 바랍니다. 라고 편지를 써서 정성껏 더덕을 보내드렸습니다.

그랬더니 얼마 아니 되어 아버지께서 등기로 편지를 보내시길 "내가 교회에 나갈 테니 지뢰밭에 들어가지 말고 더덕을 케지도 말아라."라고 하였습니다.

아마도 아들이 교회에 다니는 것을 핍박도 하였고 미워도 하였지만 막상 그 아들이 최전방에 가서 군생활을 하는 것에 대하여 매우 안타까워하셨으며 많이 걱정을 하셨으리라 생각합니다.

더욱이 지뢰를 밟아서 죽기라도 한다면 하는 걱정 때문이었을 것입니다.

나는 다시 더덕을 캐서 소포로 보내면서 이런 글을 써서 보내드렸습니다.

부모님께서 교회에 나가시어 등록하신 후에 교회에 등록하신 등록증과 목사님의 등록 확인서를 보내주시면 다시는 더덕을 캐지 아니하겠다고 편지와 함께 보내 드렸습니다.

아버지께서 곧 편지를 목사님의 등록 확인서와 함께 보내 왔습니다.

이렇게 하여 나의 부모님께서 교회에 나가시게 되었으며 예수 그리스도를 구세주로 영접하시어 구원을 받게 되었습니다.

부모님께서 교회에 등록하신 이후에는 새벽 예배를 빠지신 적이 없으시리 만큼 참으로 열심히 교회에 출석하시면서 신앙생활을 하셨습니다.

그리고 저희 집안 친척들에게 복음을 전하시어 친척 대부분이 복음을 듣고 예수 그리스도를 구세주로 믿고 신앙생활을 잘하고 있습니다.

부모님께서는 이렇게 좋으신 예수님을 왜 일찍 믿지 아니하였던가에 대하여 많은 후회를 하시고 나를 핍박하신 것에 대하여 늘 미안한 마음을 가지셨으며 나를 위하여 기도를 많이 하여 주셨습니다.

이후 아버지가 장로님이 되시고 어머님이 권사님이 되시던 날 나는 얼마나 기뻤는지 모릅니다.

내가 충무 제일 교회에서 시무할 때였는데 교회 장로님들께서 제천까지 오셔서 축하 하여 주시기도 하였습니다.

부모님께서는 우리 주님을 잘 섬기시다가 마지막 소천 하시기 전에 막내 아들 집에서 살다가 하나님께로 가시겠다고 말씀하셨습니다.

그래서 저희 가정에서 부모님을 모시다가 두분 모두 소천하시게 되었습니다.

그리고 살아 계실 때에는 목사가 된 나를 위하여 항상 눈물을 흘려 가시면서 기도하시던 부모님이셨습니다.

저희 집 2층 다락방에는 아버님께서 조그마한 상 위에 성경을 펼쳐놓고 읽으시고 항상 무릎 꿇고 기도하신 방석이 언제나 놓여 있었으며 무릎 꿇으신 그 자리가 움푹 파여 있어서 항상 나의 마음을 뭉클 하게 하였습니다.

그래서 가난한 전도사 시절에도 나에게 좋은 것이 있으면 언제나 먼저 부모님을 찾아가서 섬겨드리길 좋아했습니다.

그러한 부모님이시기에 지금도 부모님이 더욱 더 그립습니다.

나는 부모님께 전도사 때부터 적은 것이지만 십일조를 보내드리기도 하였습니다.

하나님께 십일조를 바치고 그리고 즉시 부모님께 십일조를 보내드렸는데 부모님께 드리는 십일조라야 정말 얼마되지도 아니하는 금액이었으나 그것이 나의 신앙 철학이기도 하였으며 그래야 만이 사는 보람이기도 하였기에 즐거웠습니다.

나는 부모님께 자식 된 도리를 잘 못한 일들이 참으로 많은 것 같아 지금도 어버이 주일에 내가 강단에서 설교를 할 때엔 나도 모르게 눈물을 너무 많이 흘려서 성도들 보기 미안하기도 하였습니다.

아버지께서는 명심보감을 친필로 쓰셔서 그것으로 저를 가르치시기도 하셨습니다.

할아버지와 아버지는 명필가이시기도 하셨습니다.

행복했던 섬 교회 사역

나는 그 섬에서 9개월을 살았습니다.

그곳 섬 교회의 생활은 지금 돌이켜보면 나에게는 가장 행복하게 살아왔다고 생각을 하기도 합니다.

성도들이 힘껏 나를 도와주었으므로 그 곳 섬 교회의 생활은 나에겐 즐거운 생활 이었으며 아름다운 추억이 오래도록 남아있는 생활이었습니다.

섬 교회에 간 지 그 해 여름에 서울의 모 대학교에서 학생들이 섬 지방에 도움을 주기위하여 간단한 상비약과 학용품들을 가지고 섬 지방에 왔습니다.

그들은 약 오일 정도 섬지방의 사람들에게 상비약으로 치료도 해주었으며 어린 학생들에게는 학용품도 선물로 주었고 또한 그들은 교회에도 나와서 나와 친교를 나누기도 하였습니다.

그 학생들이 그들이 계획한 일정을 모두 마친 후에 그들은 서울로 돌아갔습니다.

나는 그 때 당시의 그 학생들을 볼 때에 천사처럼 너무나 고마웠습니다.

그 학생들에게 비춰진 나의 모습은 아마도 너무 초라하

게 보였을 것입니다.

그래서 그런지는 몰라도 나는 그 학생들이 무척 부럽기만 하였습니다. 그 학생들이 사용하다가 남은 상비약들을 우리 가정에 제법 많이 두고 갔습니다. 나의 아내는 동네 아이들이 다친다든지 상처 난 부위라든지 곪은 부위를 잘 씻은 후에 기도하고 발라 주었습니다.

그런데 얼마가지 아니하여 어린아이들의 상처 부위가 씻은 듯이 깨끗이 나았습니다.

그러다보니 섬 주민들의 사랑을 불신자이든 믿는 성도들이든 간에 칭찬과 사랑을 받게 되었으며 나의 섬 생활은 한층 더 기쁘고 즐거운 나날들이었습니다.

그리고 부모님들이 어린 자녀들을 교회에 많이 보내 주셔서 주일학교가 많이 성장하여 얼마나 보람되고 기뻤는지 모릅니다.

한여름에 아내와 함께 바닷가에 나가면 주일학교 교사들과 젊은 청년들이 수영을 하다가 멍게를 잡아서 먹으라고 주면 먹을 줄 몰라서 가져오긴 하면서도 먹지를 못했는데 지금 그런 멍게를 잡아주면 많이도 먹을 것 같습니다.

나의 둘째 딸 아이는 멍게를 너무 좋아해서 멍게 이야기하면 가끔 그 옛날 섬 교회 이야기를 들려 주기도 하고 그 때 그 생각이 많이 나기도 합니다.

또한 동리의 남자 분들이 배를 타고 멀리 고기를 잡기 위해 나가셨는데 그분들이 섬으로 돌아오시면 오징어 말린 거랑 배에서 말린 여러 가지 마른 고기와 어떤 때는 멸치도 가지고 왔습니다.

그러면 그것들을 여자 성도님들이 골라서 보관도 하고 저희 부부를 부릅니다.

나와 아내가 가면 우리에게 이렇게 먹으라고 시범도 보여 주시던 그 때 그 시절 정감이 가던 그때의 일들이 어쩌면 그렇게도 그립고 그리운지 모릅니다.

지금도 30여 년이 지났는데에도 지금도 그립고 많이도 보고 싶고 생각납니다.

그런데 나만 그렇게 그리워하며 짝 사랑한 것이 아닌 것 같습니다.

그곳에 계신 분들께서도 나도 늙고 그분들도 많이

늙었는데 내가 이곳 창원에 와 있는 줄 알고 어떻게 수소문을 통하여 알고는 30여년이 지난 지금도 가끔 전화도 하시면서 해삼 물들을 준비해 놓고 또 그곳에 와서 좀 쉬어가라고 여러 번 초청도 하여 한번 다녀온 적이 있기도 하였습니다.

그곳에 가서 밤을 지새우면서 지난 일들을 이야기하며 보낸 적도 있습니다.

어찌되었든 그곳 섬 생활은 나의 평생에 잊을 수없는 아름다운 추억으로 남아있습니다.

지금도 그 옛날 일들을 생각하면서 하나님의 은총을 기억하며 감사를 드립니다.

동제

내가 그곳 섬 교회에 간 지 아마 6 개월째 되던 때었던 것
으로 기억합니다.

그 섬에서는 200여 년의 역사를 지니고 있는 동제 즉 용
왕에게 제사를 지내는 의식이 있었습니다.

그러니까 음력으로 정월 초하루부터 초삼일 까지절의 승
려를 모시고 와서 제사를 지내는 동네의 큰 대사가 있었습
니다.

동제를 지낼 때에는 동네의 모든 사람들이 가족별로 정
성껏 상을 (고기랑 떡이랑) 차려와 부두에 진설하여 놓고 삼
일 동안 제사를 지내게 됩니다.

이 동네 제사는 신자이든 불신자이든간에 모두 참여해야
하는 동네의 큰 행사였습니다.

이 제사는 일 년 중 가장 중요한 행사로서 섬 주민들이 정
성을 다해 지키고 있었습니다.

용왕에게 제사를 잘 지내야만이 그해에 풍어가 오게 되
고 심한 풍랑도 오지 않게 되어 인명 피해가 없다고 굳게 믿
고 있었습니다.

내가 섬기고 있는 교회가 있는 섬은 126여 가호 정도가

살고 있었습니다.

그리고 교회에 나오는 가정은 온 가족이 다 나오시는 가정도 있지만 혼자 나오시는 분들도 있었는데 모두 포함하면 26 가정 정도가 되었습니다.

일 년에 한 차례 지내는 동네 제사는 섬 사람 모두가 온갖 정성을 기울여서 지냅니다.

또한 동네 제사를 지내는 동안에는 반드시 지켜야 하는 엄격한 준수사항이 있었습니다.

이는 참으로 까다로웠으며 동리 사람들 모두가 두려움으로 준수하여 오고 있었습니다.

동네 우물은 세 곳이 있었는데 내가 사는 윗마을에 하나가 있었고 아랫마을 이라 할 수도 있지만 조그마한 등을 넘어서 한마을 있었는데 그곳에 하나의 우물과 중간 마을에 하나가 있었던 것으로 기억 합니다.

그 세 개의 우물은 제사를 지내기 하루 전에 섬 주민 모두가 물을 삼일 동안 먹을 우물물을 집집마다 다 길러 놓아야 하였습니다.

그 이유는 동네 제사를 삼일 동안 지내기 때문에 제사지내는 삼일 동안에는 그물을 길러 가면 안 되고 접근할 수도 없었습니다.

그리고 제사를 지내기 직전인 전날 밤까지 그 우물 주위를 깨끗이 청소를 합니다.

그 우물물을 다 퍼내서 우물의 안과 밖을 정결케 청소를 하고 또한 제사지내기 전날에는 그 우물주위에 금줄 이라고 하는 새끼줄을 감아놓습니다.

금줄이라고 하는 새끼줄에는 숯과 이상한 것들을 꿰어 우물 주위를 감아 두어 사람들의 접근을 금지시켜 두지만 그 주위에 가는 것이 꺼림직 하였습니다.

더욱이 지키기 어려운 것은 만삭이 된 부인은 제사 지내기 전에 피난을 보냅니다.

이 섬이 아닌 친정집에 가서 있다든지 아니면 우리가 사는 동리에서 오리 남짓 떨어진 곳에 초등학교가 있었는데 그곳에 임시로 피난을 해야 했습니다.

동네 제사를 지내는 동안 초등학교에서 바닷바람이 매섭게 몰아치는 추운 겨울인데도 그곳에 피난생활을 해야만 했습니다.

만약 제사지내는 삼 일 동안에 집에서 해산이라도 한다면 제사를 지내는 것이 모두가 부정 탄다고 하여 그 제사는 무효가 되어버린다고 해서 엄격하게 섬사람들 모두가 지켜 왔습니다.

그래서 추운 겨울인데도 만삭된 임산부는 피난 아닌 피난 생활을 해야만 했습니다.

그리고 음력으로 정월에 제사를 지내기 한 달 전에 섣달 (12월)에는 동리 사람이 세상을 떠나게 되어도 섬 땅에는 매장을 하지 못하게 합니다.

제사 지낼 때 까지 가매장을 합니다. (입관한 시신을 소나무가지로 덮어둔다.)

제사를 지낼 때까지 그렇게 기다린다든지 아니면 지금은 통영시이지만 그때는 충무시에 배로 시신을 실고 나와서 화장을 하여야만 했습니다.

제사지내기 전에 그곳 섬마을 땅에 매장은 엄격히 금지되어 있었기 때문에 누구든지 세상을 떠나도 매장한다는 것은 감히 상상할 수조차 없었습니다.

나도 아내와 함께 제사지내기까지의 먹을 우물물을 길러와서 집에 그릇마다 많이도 채워 두었습니다.

그러나 우물물은 다 길러놓긴 했지만 금줄을 쳐놓은 그리고 승려가 와서 제사를 지낸 후에 그물을 먹게 된다고 생각하니 어쩐지 내 마음이 많이 찜찜하여 기분이 안 좋았습니다.

그러기에 나는 어떤 획기적인 무슨 일이 일어나길 은근히 기다리면서 어떤 돌파구는 없을까하여 하나님께 기도하면서 애를 태웠습니다.

또한 이런 좋지 못한 일들이 일어나지 않게 되길 하나님께 간절히 기도드렸습니다.

물론 이것은 어리석기도하고 생각해 보면 그냥 넘어가도 될 일인데 나의 성격 탓인지 아니면 고지식한 나의 신앙 탓인지 헷갈리기도 하였습니다.

그렇게도 고심하며 애를 태우면서 기도하였는데 어느덧 제삿날이 다가 왔습니다.

제삿날이 다가 오자 온 동리사람들에게는 커다란 행사이기에 야단이었습니다.

나에게는 더 이상 기대할 것도 없이 허탈해 할 수밖에 없었습니다.

나는 교회 바닥에 주저앉아서 하나님께 기도하면서 이 땅에 아직도 용왕의 존재를 믿고 어리석게도 용왕에게 제사를 지내는 이런 지역에 하나님께서 나를 통하여 이 동제가 사라지게 하는 일을 하시는데 내가 사용되는 그 도구가 되었으면 하는 마음으로 말씀을 묵상하면서 엎드려 기도하고 있었습니다.

정말 하나님의 음성을 듣고 싶은 마음이 간절하였 으며 기도하며 묵상하고 있었습니다.

어떤 일이 일어나길 애타게 기다리면서------

여 집사님의 순산

부둣가에는 동리의 많은 분들이 정성을 들여 제삿상을 차리기 시작했습니다. 그리고 제사를 집전하는 승려도 와서 대기하여 있었으며 제사 드리는 그 시간을 기다리고 있었습니다.

나는 무엇인가 획기적인 일들이 일어나길 은근히 기다리고 기다렸는데 아무런 일이 일어나지 아니하므로 내 마음은 허탈하여지기 시작하였습니다.

그렇게 기도하면서 기다려 왔는데 이젠 어떻게 해야 할지를 심각하게 고민하면서 예배당에 가서 엎드려 기도하며 하나님께 지혜를 구하였습니다.

그런데 조금 있자니 웅성 웅성하는 요란스러운 소리가 났습니다.

조금 후 동리에서 반상회 때나 가장 요긴하게 사용하고 동리에 무슨 일이 있을 때마다 사용하는 동네 스피커를 통하여 동네 이장이 큰 소리로 알리는 소리가 들려왔습니다.

그것도 아주 듣기 싫게 외치고 있었다고 표현하면 좋을 것 같았습니다.

그날따라 이장의 말소리는 아주 신경질적이고 아주 짜

증스럽게 외치다시피 크게 스피커를 통하여 알리고 있었습니다.

"주민 여러분께 알립니다. 오늘 아침에 갑자기 ㅇㅇㅇ의 며느리가 해산을 하여 오늘 지내려고 했던 제사를 지내지 못하게 되었습니다. 부정 탔기 때문입니다."라고 하였습니다.

이러한 소리가 스피커를 타고 몇 번이고 동일하게 들려왔습니다.

그런데 그 ㅇㅇㅇ 젊은 부인은 바로 우리 교회에 다니시는 모 집사님 가정의 며느리였습니다.

해산한 부인도 교회에 열심히 출석하며 신앙 생활을 잘하고 있는 집사님이었습니다.

그 집사님은 아직 해산할 날이 조금 남았기 때문에 소위 피난을 가지 아니하였던 것입니다.

해산일이 아직 남았는데 해산하였다고 하니 나에게는 기도가 응답되어 얼마나 감사한 일인지?

제삿날을 연기하게 하려고 조기 순산을 하였으니 얼마나 나에게는 기쁜 일이었는지요? 그 소식을 접하는 순간 나는 너무 기뻐서 하나님께 감사와 찬송을 수없이 드렸습니다.

그러나 잠시후 동리 사람들이 화가 심하게 났던 모양인지 너무나도 심하게 욕을 퍼붓기 시작하였습니다.

그런 욕은 이 책에 기록할 수 조차 없는 심한 욕들이었습니다.

또한 교회 다니려면 자기들 끼리 다니든지 방정맞게 정월 초하루에 젊은 여자가 무슨 애를 낳아서 동리를 망하게 한다고 심하게 막말을 하였습니다.

더욱이 교회를 싸잡아 욕하고 있었습니다. 그들의 욕은 정말 듣기 거북스러운 욕들이었습니다.

그러나 나는 너무 좋은 나머지 그 가정에 위로도 해야 하겠고 두려워하지 말 것을 말씀을 통하여 권면을 하기 위해 나의 아내와 함께 심방을 갔습니다.

그 가정에 갔더니 산모는 두말 할 필요도 없고 그 가족이 두려워하고 불안에 떨고 있었습니다.

나는 그 산모인 집사님과 가족에게 두려워하지 말라고 하면서 하나님께 감사 예배를 드렸습니다.

이 아이가 건강하고 튼튼하게 잘 자라고 하나님을 아는 지식을 가지고 믿음으로 잘 자라기를 하나님께 기도드렸습니다.

그리고 함께 힘 있게 찬송도 하면서 예배를 드렸습니다.

그러나 문제는 간단하게 해결되지는 않았습니다.

나에게는 기쁜 일이었지만 동리 사람들 에게는 일 년 대사가 엎질러 졌다 하여 법적으로 손해배상을 청구하겠다고 엄포를 놓으면서 교회가 책임을 져야내야 한다고까지 말했습니다.

제삿상을 차리기 위하여 정성을 다하여 준비해 놓은 음

식물은 제사를 지내지도 못하게 되었으므로 결국 자기네들이 집으로 가지고 가야 했습니다.

정성껏 용왕에게 바치려는 제삿상을 도로 가지고 가야할 처지이기에 손해배상을 교회로부터 받아야 된다고 공공연히 억지를 부리기 시작하였습니다.

또한 승려를 데리고 올 때에 든 모든 비용을 교회가 배상해야 된다고까지 하였습니다. 그러한 억지는 협상도 아닌 막무가내로 이어져 나갔습니다. 법적으로도 얼마든지 이길 수 있다는 자신감으로 교회와 교인들에게 협박도 하고 회유도 하였습니다.

순박한 교인들은 그렇게 해야 되지 않겠느냐고 나에게 제안을 하기도 하였습니다.

나 역시 법적 책임을 교회가 지게 될 줄 알고 고민에 빠졌습니다.

또한 걱정이 이만 저만이 아닌고로 밤잠도 설쳐가면서 뜬 눈으로 밤을 새운 후에 충무로 나갔습니다.

그때 당시 충무 경찰서 중앙 파출소에 소장으로 있는 분이 나와 친분이 있는 분이기에 찾아가서 자문을 받아 보기 위함이었습니다.

그 소장에게 동네의 제사 이야기 등 자초지종을 상세하게 이야기 하였더니 듣고 있던 소장이 껄껄 웃으면서 걱정하지 말라고 하였습니다.

그 소장이 나에게 힘을 실어 주면서 하는 말이 우상에게 제사 지내기 위하여 준비하였다가 못 지냈다 하여 손해 배상을 청구할 수도 없을 뿐만 아니라 손해 배상 할 필요도 없으며 법적으로도 아무 문제가 없으니 안심하라고 조언을 해 주었습니다.

법을 모르는 나에게 얼마나 큰 힘이 되었는지 모릅니다. 그 소장이 얼마나 고맙던지 몇 번이고 묻고 재확인도 하였습니다.

한참 동안 이런 저런 이야기를 나눈 후 섬으로 돌아와 온 교인들에게 아무 걱정하지 않아도 된다고 하였습니다.

그리고 법적으로 아무런 문제가 없다고 말했습니다. 그리고 마치 개선장군이나 된 듯 담대하게 힘을 주어 말하였더니 불안해하며 두려워하던 교인들이 안심할 뿐만 아니라 용기백배하였습니다.

이 말은 삽시간에 온 동리에 퍼져나갔습니다. 온 성도들은 안심하게 되었고 이 사건은 무사히 지나가게 되었습니다.

그러자 동리의 사람들이 모두 모여서 다음 제삿날을 잡게 되었습니다. 제삿날을 정하여야 하는데 2월 달은 남의 달이랍니다.

그래서 음력 2월 달은 제사를 지낼 수 없다고 하여 이제 음력 3월 달로 정하여 용왕에게 제사를 지내는 날을 받게 되었다고 하였습니다.

이러한 결정으로 인하여 그 동리에서 12월 중순경에 세상을 떠나신 분이 있었습니다.

그 초상집에서는 1월 달에 제사지낸 다음에 매장 하려고 가매장을 하고 지금껏 기다려 왔었습니다.

그러다가 이제 다시 3월 까지 계속 가매장 속에서 기다려야 될 판이었습니다.

그러나 그 상가 집에서 가족회의를 한 결과 그 때까지는 기다릴 수 없다는 판단이 내리게 되어서 하는 수없이 충무에 나가서 화장을 하게 되었습니다.

제사를 지내기 위해 금줄을 쳐 놓은 우물 주위의 모든 것들은 이제 해제가 되었습니다.

평상시처럼 우물물을 길러서 집으로 퍼오게 되었으며 금줄도 걷히게 되었습니다.

금줄이라는 것 정말이지 우상의 모습을 보는 것 같아서 얼마나 보기도 흉하고 그 주위에 가는 것조차 싫었는데 이 금줄이 걷히고 나니 얼마나 기분이 좋았는지 날아갈 기분이었습니다.

이제는 우물가에 가는 것도 아무 거리낌이 없었으며 우물물도 평상시처럼 언제든지 길러 올 수 있었으니 그 전에 느끼지 못했던 일들이 새삼스럽게 고맙고도 고마운 일이 되었으며 기분이 참으로 좋았습니다.

또다시 영적 전쟁에서 승리한 것 같은 기분이 들어서 얼마나 좋았는지 모릅니다.

집사님의 소천

   그러나 심각한 문제는 또다시 찾아오기 시작하였습니다. 그해 음력 2월경 정확히는 기억할 수 없으나 중순이었던 것 같습니다.

   우리 교회 출석하는 집사님 한분이 하나님의 부름을 받고 세상을 떠나시게 되었습니다. 그날 저녁 나는 이럴 땐 어떻게 해야 할지 또다시 심각한 고민에 빠지게 되었습니다.

   만약 세상을 떠나신 집사님을 동네 사람들처럼 가매장이나 충무에 가서 화장을 하게 되면 내가 동네 사람들이 믿는 용왕을 인정하는 것이 됩니다.

   또한 용왕이라는 우상을 섬기는 일에 내가 동조하는 일이 되고 만다고 생각하게 되었습니다.

   있지도 아니하는 용왕이라는 우상을 섬기는 일에 동조하는 것은 하나님께서 가장 미워하시는 일로써 하나님을 섬기고 믿는다는 내가 신앙 양심상으로서는 이일은 도저히 허용할 수 없었습니다.

   우상을 타파하지는 못할지언정 어떻게 우상을 섬기는 일에 동조할 수 있단 말인가?

   그러잖아도 나는 동네 제사에 대하여 언젠가는 타파하려

고 생각하여 왔었습니다.

그리고 나는 "용왕은 없습니다." 라고 수시로 설교를 통하여 외쳐 왔었던 터였습니다.

제사를 못 지내게 된 이후로부터 부쩍 나는 그런 설교를 곧 잘해 왔었습니다.

우주 만물을 창조하신 분이 하나님이시며 인생의 생사화복을 주관하시는 분이 하나님이심을 강하게 고백하고 증거하여 왔던 나이기도 하였습니다.

그러던 내가 용왕의 존재를 인정하는 일을 한다는 것은 있을 수 없는 일이라고 단호하게 생각 하게 되었으며 이제 행동에 옮겨야 할 기회라고 생각했습니다.

여기까지 생각이 미치니 더 이상 주저할 필요도 없고 고민에 빠질 필요도 없이 반드시 매장해야겠다고 결심하게 되었습니다.

"하나님이 이 모든 말씀으로 일러 가라사대 나는 너를 애굽 땅 종 되었던 집에서 인도하여 낸 너의 하나님 여호와로라 너는 나 외에는 다른 신들을 네게 있게 말지니라 너를 위하여 새긴 우상을 만들지 말고 또 위로 하늘에 있는 것이나 아래로 땅에 있는 것이나 땅 아래 물속에 있는 것의 아무 형상이든지 만들지 말며 그것들에게 절하지 말며 그것들을 섬기지 말라 나 여호와 너의 하나님은 질투하는 하나님인즉 나를 미워하는 자의 죄를 갚되 아비로부터 아들에게로 삼사 대까지 이르게 하거니와 나를 사랑하고 내 계명을 지키는 자에게는 천대까지 은혜를 베푸느니라 너는 너의 하나님 여호와의 이름을 망령되이 일컫지 말라 나 여호와는 나의 이름을 망령되이 일컫는 자를 죄 없다 하지 아니하리라"(출20:1-7) 하신 하나님의 십계명중 1-4계명입니다.

그러나 내가 결정한다고 될 일은 아니었습니다. 슬픔을 당한 그 가정에서 동네 제사를 지내는 일에 협력해야 된다고 하면 별 수가 없었습니다.
그래서 먼저 초상집에 가서 이 일을 말하고 설득을 시켜야하는 것이 우선이었습니다.
그래서 초상집에 가기 전에 하나님께 간절히 기도 하였습니다. 금번 기회에 용왕이라는 우상을 타파하는 기회가 되게 하여 달라고 하나님의 도우심을 간절히 구한 후에 초상집에 갔습니다.
나는 예배를 드리면서 하나님을 섬기는 자의 각오와 신앙관에 대하여 강하게 설교를 하면서 참 신은 하나님뿐이심을 설교하였습니다.
그리고 돌아가신 어머님을 어떻게 가매장을 할 수 있겠는가고 물었으며 또한 충무에 가서 화장하는 일을 어떻게 할 수 있겠는가고 물었습니다.

그리고 하나님께서 주신 십계명을 유족들과 함께 읽었습니다.

동네 제사는 우상을 섬기는 일이고 이에 동조하는 일은 하나님께서 가장 싫어하시는 일이라고 나는 설교 하면서 강하게 권면도 하였습니다.

하나님의 말씀과 나의 이야기를 진지하게 듣고 있던 유가족들이 뜻밖에도 어머님을 절대로 가매장이나 화장은 하지 않겠다고 하면서 "전도사님 도와주십시오." 라고 오히려 나에게 부탁을 하였습니다.

이는 전적인 하나님의 도우심이었습니다. 초상집의 유가족들은 아직 결혼하지 아니한 청년 두 명이었는데 그들은 전적으로 전도사님의 뜻을 따르겠다고 굳게 약속도 해 주었습니다.

허락을 받은 후 나는 교회의 성도들에게 반가운 이 사실을 알려 주었습니다. 그런데 반가워해야 할 성도들이 반가워하기는 고사하고 얼굴 표정이 어두워졌습니다.

아마도 정월 초하루에 우리 교회 집사님이 아이를 해산한 것 때문에 이미 동네사람들과의 관계가 소원하여져 있는 터인지라 또다시 동네 사람들과 관계가 어떻게 될까봐 걱정하는 것 같았습니다.

이번 일은 성도들이 생각하기를 동네의 생사가 달린 중대한 문제인데 매장을 한다고 하면 동네 사람들과의 전쟁을 선포하는 일이 되기에 심한 우려를 표하였습니다. 그러니 반가워하기보다는 크게 두려워하고 불안해하였던 것입니다.

그리하여 머리를 절레절레 흔들면서 괜한 일을 한다는 것이었습니다. 성도들 중에는 내 얼굴을 쳐다 보려고도 하지 않았습니다.

더욱이 심하게 우려와 염려하시는 분들은 나이가 드신 성도들이었습니다.

난 불현듯 다니엘서의 사건이 기억이 나서 성도들에게 봉독해주어야겠다고 생각하고 즉시 성경을 찾아서 그냥 성경을 봉독하여 주었습니다.

"느부갓네살 왕이 노하고 분하여 사드락과 메삭과 아벳느고를 끌어 오라 명하매 드디어 그 사람들을 왕의 앞으로 끌어온지라 느부갓네살이 그들에게 물어 가로되 사드락, 메삭, 아벳느고야 너희가 내 신을 섬기지 아니하며 내가 세운 그 신상에게 절하지 아니하니 짐짓 그리하였느냐 이제라도 너희가 예비하였다가 언제든지 나팔과 피리와 수금과 삼현금과 양금과 생황과 및 모든 악기 소리를 듣거든 내가 만든 신상 앞에 엎드리어 절하면 좋거니와 너희가 만일 절하지 아니하면 즉시 너희를 극렬히 타는 풀무 가운데 던져 넣을 것이니 능히 너희를 내 손에서 건져 낼 신이 어떤 신이겠느냐 사드락과 메삭과 아벳느고가 왕에게 대답하여 가로되 느부갓네살이여 우리가 이 일에 대하여 왕에게 대답할 필요가 없나이다. 만일 그럴 것이면 왕이여 우리가 섬기는 우리 하나님이 우리를 극렬히 타는 풀무 가운데서 능히 건져 내시겠고 왕의 손에서도 건져내시리이다. 그리 아니하실지라도 왕이여 우리가 왕의 신들을 섬기지도 아니하고 왕의 세우신 금 신상에게 절하지도 아니할 줄을 아옵소서."(단3:13-18) 라는 말씀이었습니다.

그러자 이 말씀을 들은 젊은 분들은 전적으로 이번 기회에 우상을 섬기는 일을 타파하는 일에 최선을 다해보자고 나에게 힘을 실어 주었습니다.

더욱 감사한 것은 전도사인 나에게 힘 을 실어 주는 성도들은 이것이 하나님을 기쁘시게 해드리는 일이라고 믿고 전적으로 협조하겠다고 하면서 오히려 전도사님 힘내시라고 하면서 용기를 실어주었습니다.

이제 매장한다는 사실이 동네에 알려지자 소문은 조그마한 섬 동네이기에 삽시간에 퍼져나갔습니다.

동네에서는 소위 대책을 마련하기 위하여 동네 남자 분들이 부둣가에 지어진 동네 사무소에 모여 자기들 나름대로 의논하기에 몰두했습니다.

만약 그때에 나에게 협상을 타진하여 왔다면 나 역시 많이 힘들었을지도 모릅니다.

그런데 동네 사람들은 협상이 아니라 무조건 협박 만하면 되는 줄 알았기에 공갈과 협박을 하였습니다.

그래서 동네 방송을 통하여 "교회에서 또 제사지내지 못하게 하기 위하여 매장을 하려고 하니 동내 사람들 모두 모이소."라고 방송으로 알려대자 사람들이 많이 동네 사무소로 모여들기 시작했습니다.

반상회의 때에는 잘 모이지 아니하는 사람들이지만 용왕에게 드리는 동네 제사문제가 무슨 동리의 흥망과 섬사람들의 생사를 좌우하는 일처럼 여기면서 모두 다 모인 것 같았습니다.

첫날부터 위협, 공갈, 협박성 말이 난무하기 시작하였으며 전도사인 나에게 험한 욕을 하였습니다.

내가 오기 전 전도사 한사람도 이 동네에서 복음을 증거하다가 죽었다고 하였습니다. 그러면서 너도 그 전도사처럼 맞아서 그렇게 죽으려고 하느냐고 하였습니다.

심한 욕과 협박 공갈로 나를 압박하여 왔습니다. 실제로 오래전에 이곳에 온 전도사 한분이 복음 증거하다가 죽임을 당한 것이 사실이라고 하면서 순교를 했다는 말이 있었습니다.

그러므로 이 공갈 협박은 성도들에게 까지 영향을 끼치게 되었습니다.

그 일로 인하여 교인들이 반 정도는 오히려 동네 사람들편에 서게 되었습니다.

그들이 오히려 나를 더욱 힘들게 하였습니다. 이 공갈 협박은 시간이 갈수록 교인들을 흔들어 놓았으며 교인들은 나를 양보하라고 하였습니다.

나의 아내는 예수님을 믿어도 둥글둥글 하게 믿지 왜 이렇게 뾰족하게 믿음으로 온 가족을 이렇게 힘들게 하느냐고 나에게 원망을 하였습니다.

힘들어 하는 아내와 어린 자녀들을 볼 때에 나 역시 잘못하고 있는 듯하여 나로 하여금 더욱 괴롭고 힘들게 되었습니다.

나의 아내의 말도 생각해보면 전혀 틀린 말이 아니었습니다. 어떻게 생각해 보면 가장 지혜롭고 현명한 방법인지도 몰랐습니다. 세상과 타협도 하고 또 나의 가족에게 손해가 가지아니 하는 방향으로 둥글둥글 하게 살아가는 것이 뱀 같은 지혜인지도 몰랐습니다.

이렇게 되자 나는 나의 신앙관도 흔들리고 딜레마에 빠지게 되었습니다.

어떻게 해야 될지에 대하여 심각한 고민에 빠져서 하나님께 간절하게 기도하게 되었으며 하나님의 바른 지혜를 달라고 간절히 기도하게 되었습니다.

나는 지금껏 신앙생활을 하여 오는 중에 특별한 일이 있어서 하나님께 기도하며 신앙의 지혜를 구하고 하나님의 뜻을 찾으려고 하였을 때에 나에겐 어떠한 환상을 본다거나 무슨 꿈을 꾼다거나 하는 것들은 나에게는 지금껏 없었습니다.

많은 사람들은 환상도 보고 꿈도 꾼다는데 말입니다. 이럴 때 하나님께서 나에게 환상을 보여 주시면 얼마나 좋겠습니까?

그러나 이제 나는 지금까지 행하여 오던 대로 해야겠다고 마음먹었습니다. 그 방법은 하나님께 기도하면서 성경 말씀을 읽고 묵상하면서 말씀을 통하여 확신이 오게 되면 난 그대로 믿고 행하였던 것입니다.

이번 일도 하나님께 간절히 기도하고 하나님의 말씀을 읽으면서 묵상하였습니다.

이때에도 나에게는 주님 안에서의 확신과 담대함이 더욱 더 강하게 밀려 왔습니다.

이 일은 하나님께서 기뻐하시는 일임이 내 마음에 강하고도 굳세게 다가왔습니다.

그래서 누가 무어라 하여도 흔들리지 아니하고 매장하기로 더욱 굳게 결심하였습니다.

오히려 시간이 가면 갈수록 더욱 강하게 내 마음은 확신으로 가득 찼습니다.

장례는 삼일장으로 지내게 되었는데 나에겐 정말 하루의 시간을 보내는 것이 너무 힘들었습니다.

하루를 보내는 것이 험하디 험한 일 년처럼 길고도 힘든 시간들이었으며 순간순간 나를 몇 번이고 넘어지게 하는 일들이 많이도 다가왔습니다.

밤에는 동네 사람들이 문을 두드리며 협박을 하였습니다. 여자인 내 아내에게는 더더욱 무서움과 불안과 두려움 속에서 힘든 시간들을 보내야 하는 것이었기에 나 보다 더 힘들어 했습니다.

초상이 난 그 이튿날 나는 조그마한 어선을 타고 충무에 가서 충무 경찰서 중앙 파출소에 가서 먼저 번에 찾아갔던 그 소장에게 자초지종을 이야기하면서 우상 타파에 대하여 도움을 요청하였습니다.

그런데 도와 줄줄 알고 상세하게 이야기 했는데 이번에는 뜻밖의 말을 하였습니다.

이번에는 양보하고 섬 주민들과 합의를 하여 민원이 제기되지 않도록 하라는 지극히 세상적인 관청에서나 하는 이야기를 나에게 하였습니다.

그래서 나는 양보할게 따로 있지 어떻게 신앙인이 있지도 아니하는 용왕이라는 우상을 섬기는 일에 동조하라는 말인가고 그리고 우상을 타파해야 하는 일에 오히려 관청에서 앞장서서 도움을 주어야 되지 않겠느냐고 신경질적인 반응을 하였습니다.

그랬더니 그 소장이 나를 보고 하는 말이 그러면 알아서 하라고 하였으며 더 이상 관여할 수도 도움을 줄 수도 없다고 하였습니다.

하는 수 없이 소장에게 하나 부탁을 하나 하자고 하였습니다. 그 소장은 귀찮아하면서도 무슨 부탁인가고 말해 보라고 하였습니다.

나는 그 소장에게 충무 경찰서에 들어가서 한산도 지서장에게 전화 한 통화만 하여달라고 했더니 그것은 어렵지 않다고 하였습니다.

그러면서 뭐라고 전화할거냐고 했습니다. 그래서 나는 오늘 저녁에 한산도 면사무소와 지서에 찾아가야 된다고 하였습니다.

그리고 ○○ 교회의 전도사가 한산도 지서에 찾아와서 부탁하면 지서장님께서 할 수 있는 데까지 도와주라고 할 수 있겠느냐고 하였습니다.

그랬더니만 그것 정도는 얼마든지 할 수 있겠다고 쾌히 승낙하여 주었습니다.

나는 그 약속을 파출소 소장으로부터 받고 파출소를 나왔으나 마음은 심히 무거웠습니다.

무거운 마음으로 시내에 들어가서 내일 장래를 치룰 꽃상여 (옛날에는 상여에 꽃을 만들어 상여에 달고 갔음) 에 꽃을 만들 종이 및 관을 샀습니다.

그리고 초상집에서 나에게 부탁한 시장에서 사오라는 여러 가지 물건들을 집사님과 함께 이것저것을 산후에 배를 타고 섬에 들어오면서 내일 어떻게 할 것인가에 대해 깊은 생각에 젖어있었는데 어느덧 부두에 도착하였습니다.

마중 나온 성도들과 함께 관을 내리고 시장 봐온 물건들을 내렸습니다.

이를 본 이장이 또 방송을 하길 "아마 시장을 봐오는 것을 보니 내일 장례를 치룰 모양인데 주민 여러분 다 모이소"라고 또 방송을 하고 있었습니다.

이 방송이 나가자마자 섬 사람들이 곡괭이, 미역 줄, 삽, 등을 들고 동 사무소에 모여 들기 시작하였는데 나를 보는 모든 눈들이 아주 매서웠습니다.

아마도 무언의 시위를 해서 겁을 줄 모양이었습니다. 그리고는 노골적으로 방송을 하는데 "어디서 조그마한 전도사 하나가 이곳에 굴러 와서 동네를 망하게 합니다."라고 대어 놓고 나에게 욕을 하였습니다.

난 실제적으로는 그 때 당시에는 키로는 그렇게 키가 작은 자가 아니었습니다.

나를 보고 키가 작다고 말을 하는 것을 보니 웃음이 나왔습니다.

그렇다고 나는 키가 그렇게 작지 않다고 가서 항변도 할 수 없는 터인지라 그저 욕 하는 대로 숨을 죽이고 있을 수밖에 없었습니다.

어찌되었든지 나 역시 두렵고 불안 한 것만은 사실이었

기 때문입니다.

저녁 네 시쯤인가 싶은데 다시 교회의 젊은 집사님 한분과 함께 한산도 본섬에 노를 젓는 배를 타고 한산 면사무소에 갔습니다.

먼저 매장 허가를 받아야겠기에 면사무소로 찾아가서 매장 허가를 받았습니다.

그리고 한산 지서에 찾아가서 지사장님에게 내가 00 교회의 전도사라고 하였습니다.

그랬더니 지서장님이 아주 반갑게 맞아주면서 오늘 충무경찰서에서 연락을 받았는데 무엇을 도와 드릴까요 하며 대단히 친절하게 대해 주었습니다.

나는 동네의 현 상황을 상세하게 말씀을 드렸습니다. 그러면서 지금 어떠한 시대인데 용왕에게 제사를 지내는 이런 어리석고 무지한 일들은 자행하고 있다고 하면서 공감대를 만들어 갔습니다.

나는 전도사인데 이런 우상을 타파하려는 과정으로 이런 일을 한다고 하였습니다.

그러므로 이일에 기관에서 협조를 해 주셨으면 한다고 하였더니만 지서장님이 머리를 연신 끄덕이면서 이해한다고 하면서 어떻게 무엇을 도와주면 좋겠는가고 진지하게 물어왔습니다.

그래서 나는 내일 우리 섬에서 장례를 치르게 되는데 장

례를 치루는 동안 아마도 살인이 나지 않겠는가고 생각한다
고 하였습니다.

그러면서 나는 죽음은 두렵지 않지만 (죽음이 왜 두렵지
않겠습니까? 마는 말은 그렇게 해야 되지 않겠습니까?) 이
지역에 치안을 담당하는 지서에서 이 지역에 살인 사건이 발
생한다면 지서장님에게도 좋은 일은 아니지 않겠느냐 고 하
였습니다.

지서장님이 머리를 끄덕이면서 공감을 표시 하는듯이 하
였습니다.

지서장님께서 내일도 섬지방의 치안을 담당하시기에 바
쁘시겠지만 우리 섬에서 장례를 치루는 동안 경찰관 한분이
총을 메고 장례식장에 오시어 지켜보아 주시면 감사하겠다
고 하였습니다.

그랬더니 지서장님이 전도사님 제가 직접 가겠습니다.
라고 쾌히 승낙해 주었습니다.

이렇게 까진 기대 하지는 않았는데 지사장님이 직접오신
다고 하니 얼마나 기뻤는지 모릅니다.

모든 일이 순조롭게 진행되는 듯하여 무척 기뻤습니다.
그러면서도 내일 무슨 일이 일어날지에 대하여 생각하니 또
마음은 무겁기만 하였으나 하나님께서 도움 주실 것을 굳게
믿었습니다.

그리고 지서장님에게 고맙다는 인사를 드린 후에 지서

를 나왔습니다.

집사님과 함께 조그마한 배를 타고 교회로 돌아오는 길은 어두움이 깔린 밤인지라 노를 저어오는 뱃길이 멀기만 하였습니다.

어두운 밤에 노를 저으니 물에서 푸른빛이 나는데 난 그것을 처음 보았는데 뱃 가에 앉아 있는 것이 왠지 무섭기도 하였습니다.

부두에 도착하여 모여 있는 집사님의 가정에 올라 갔더니만 몇 분들이 모여서 내일 상여에 장식할 꽃을 만들고 있었습니다.

나도 성도들과 함께 꽃을 만들다가 보니 지치고 지쳐서인지 앉아있는데 내 몸이 내 몸 같지 아니하여 쓰러 질것만 같았습니다.

보다 못한 집사님들이 나를 집에 가서 쉬라고 하면서 내일 장례식을 집례하려고 하면 전도사님은 잠을 자 두는 것이 좋다고 강권하였습니다.

나는 그래도 몇 번이고 사양을 하였으나 모여 있는 모든 성도들이 더욱 권하기에 나는 집에 올라와서 잠을 자게 되었습니다.

집에 올라와서 이리저리 뒤척이다가 곧 잠이 들었습니다. 새벽 네 시쯤 되었을까 갑자기 창문이 심하게 흔들렸습니다.

놀라서 깨어보니 갑자기 비바람 소리가 요란스럽게 창문을 세차게 두드리고 있었으며 번갯불이 번쩍이면서 천둥소리가 났습니다.

놀란 나머지 밖에 나가서 하늘을 처다 보고 바다를 보니 날씨가 심상치 아니하였습니다.

급히 교회당에 뛰어 내려왔는데 이미 교인들은 모여 있었으며 모두가 기가 죽어 있었습니다.

서로 주고받는 이야기인즉 장례를 치르려고 하니 이제 용왕이 노했다는 이야기도 하면서 서로서로 수군거리는 소리가 나의 귀에 들려 왔습니다.

나는 새벽 예배를 인도하면서 신앙의 선진들인 주기철 목사님은 날카로운 못 위로 걸어 가시면서도 신앙을 굳게 지키시면서 신사 앞에 참배하는 일을 거부하신 일들을 생각하자고 하였습니다.

그리고 두려워하지 말라고 하나님만 믿자고 하나님은 살아 계시며 우리와 함께하신다고 하나님께서 우리를 보호하신다고 설교를 했습니다.

그리고 우상을 타파하는 일을 하면 하나님께서 기뻐하시며 오늘 하나님께서 살아 역사하심을 체험하는 기회로 삼자고 권면을 했습니다.

예배를 마치고 나니 교인들은 걱정하면서 하나하나 모두 집으로 돌아갔습니다.

이제 교회에는 나 혼자만 남아있게 되었습니다.

서원 기도

성도들이 모두 집으로 돌아간 후 나 혼자 교회에 남아서 강대상을 부여잡고 하나님께 처절하고도 간절하게 기도하기 시작하였습니다.

그 때 당시 나의 기도는 너무나 간절하였으며 긴 시간 속에서 하나님께 서원하며 기도하였습니다.

만약 오늘 비가 계속 쏟아진다면 저 불신자들은 분명코 용왕이 노했다고 할 것이며 이렇게 되면 하나님께 영광은커녕 욕이 돌아가지 않겠는가고 부르짖었습니다.

엘리야의 기도를 들으사 비를 멎게도 하시고 비를 내리시기도 하신 하나님께서 나의 기도를 들어 주시옵소서 라고 간절히 기도하였습니다.

그때 나는 하나님께 서원 기도를 하게 되었습니다. 오늘 오전 11시 정각에 비바람이 멎게 하시어 매장할 때 까지 비가 오지 않게 하시다가 매장이 끝이 난 이후에 비바람이 쏟아지게 하신다면 내가 하나님을 믿을 것이고 그렇지 아니하신다면 난 하나님의 능력을 믿지도 못할 뿐만 아니라 하나님을 믿지 않겠노라고 너무나도 다급하기에 애처롭게 눈물을 흘리면서 흐느끼며 기도하였습니다.

그리고 나의 기도를 들어 주신다면 오직 주님의 영광만을 위하여 죽도록 충성하며 나의 영광위하여서는 절대 살지 않겠노라고 서원 기도하였습니다.

영광을 얻는 길보다는 고난의 길을 갈 것이며 십자가의 그 길을 주님께서 가신 그 길을 반드시 묵묵히 따라가겠노라고 서원하며 기도하였습니다.

나는 그때 철도 없이 교회를 완전수라 하는 7 개처를 세우겠노라고 하였습니다.

교회를 세우는 일이 얼마나 어려운데도 왜 그런 서원을 했는지 나는 잘 모릅니다.

지금은 나름대로 내가 4개 처의 교회를 세웠으며 나의 아들인 장남이 2개의 교회를 세웠는데 내가 은퇴하고 난 다음에 반드시 하나의 교회를 세우면 7개처의 교회가 된다고 그러면 하나님께 내가 서원한 것을 이행하게 된다고 나름대로 결심하고 있습니다.

얼마의 시간이 흘렀는지도 모르는데 그 때 당시 아침은 추운 날씨인데도 내 몸에는 많은 땀이나와 내옷이 흠뻑 젖어 있었습니다.

그런데 내 마음 속에는 하나님께서 연약한 나의 기도를 들으셨다는 확신과 응답하여 주셨다는 확실한 믿음이 강하게 마음에 와 닿았습니다.

얼마나 기뻤는지 모릅니다.

나의 기도를 들으신 하나님!
확신을 주신 하나님!

하나님께 감사기도를 드리면서 찬송을 몇 번이고 불렀는지 모릅니다.

그리고 아래의 말씀이 갑자기 내 마음에 강하게 다가 왔습니다.

"여호와여 나의 대적이 어찌 그리 많은지요. 일어나 나를 치는 자가 많소이다. 많은 사람이 있어 나를 가리켜 말하기를 저는 하나님께 도움을 얻지 못한다 하나이다. (셀라) 여호와여 주는 나의 방패시요 나의 영광이시요 나의 머리를 드시는 자니이다. 내가 나의 목소리로 여호와께 부르짖으니 그 성산에서 응답 하시는 도다. (셀라) 내가 누워 자고 깨었으니 여호와께서 나를 붙드심이로다. 천만인이 나를 둘러 치려 하여도 나는 두려워 아니 하리이다. 여호와여 일어나소서. 나의 하나님이여 나를 구원하소서. 주께서 나의 모든 원수의 뺨을 치시며 악인의 이를 꺾으셨나이다. 구원은 여호와께 있사오니 주의 복 을 주의 백성에게 내리소서." (셀라) (시3:1-8)

이 말씀은 다윗이 그의 사랑하는 아들 압살롬의 반역으

로 인하여 피난 갈 때에 지은 시이지만 그는 제사장의 도움도 없이 피난 가는 신세가 된 그가 자신의 내 목소리로 기도하였더니 하나님께서 그 거룩한 성산에서 들으셨다고 고백한 기도입니다.

그리고 강한 자의 이를 꺾으시고 원수의 뺨을 하나님께서 치셨다고 하였습니다. 그리고 그가 기도하고 응답받고 믿은 대로 되어진 사실들의 내용을 고백한 신앙 고백이기도 합니다.

그러나 나 같은 자의 기도는 감히 다윗의 기도에 비교나 할 수나 있겠습니까?

그런데 주님께서는 너무나 막연하고 하나님의 뜻을 나타내며 하나님께서 살아 계심을 드러내기 위한 나의 간절한 기도이긴 하지만 하나님께서 연약한 나에게 응답하여 주신 것을 굳게 믿었습니다.

정말 간절히 간구하였더니 하나님께서 응답하여 주신 것을 이미 확신케 되었던 것입니다.

나는 확신을 주신 하나님을 감격에 넘쳐서 찬송 하였던 것입니다.

그때에 시계를 보았는데 아침 8시가 되어가고 있었습니다. 아마도 3시간 이상 무릎을 꿇고 시간 가는 줄도 모르고 간절히 기도한 것입니다.

예배당을 뛰쳐나와서 먼저 응답의 확신은 있었으나 어찌

되었나 싶어 하늘을 쳐다 보았습니다.

그런데 비바람이 멎으려면 서쪽하늘이 좀 환하여져야 될 터인데 점점 더 캄캄해지고 비바람은 더욱 세차게 불어오고 있었습니다.

그러나 확신이 왔는데 망서릴 이유가 없어서 나이가 제일 많으신 집사님 가정에 찾아가서 오늘 11시 정각에 비바람이 멎을 것이라고 했습니다.

그리고 매장할 때까지 비바람이 치지 아니할 터이니 장례 준비를 하라고 했습니다. 그랬더니 집사님은 어이가 없는 눈빛으로 나를 바라보는데 그 눈빛은 이젠 전도사가 돌아 버린 것 아닌가 하는 눈빛이 역력해 보였습니다.

그래도 나는 확신에 넘쳐서 집사님에게 반드시 비바람이 그칠 터이니 장례 준비하라고 하였습니다.

집사님은 대답 하지도 아니하면서 물끄러미 나만 바라보았습니다.

나는 다시 초상집에 찾아 가서 조금 전에 찾아갔던 집사님에게 말한 그대로 전하였습니다.

그래도 그 초상집에서는 나를 믿어 주는 눈빛이었으며 그렇게 준비하겠노라고 하였습니다.

그리고 나는 집에 올라와서 그 때 당시에는 라디오 밖에 없었기에 라디오를 틀어 놓고 어떠한 상황인가에 대하여 일기예보를 들었습니다.

마침 일기 예보가 나왔는데 들어보니 폭풍 주의보가 내렸습니다. 그러므로 여객선은 출항을 못하게 하고 우리 섬 항구 부근에 있는 배들을 모두 항구 안으로 대피를 시키고 있는 상황이었습니다.

바다를 바라보니 비바람은 더욱 세차게 몰아치고 있었으며 파도는 심하게 치고 있었습니다.

걱정에 쌓여있는 나에게 아내가 밥을 먹으라고 밥상을 차려주긴 하였으나 도저히 물도 마실 수 없었고 밥을 먹으려 해도 모래알을 씹는 듯이 목으로 넘어가질 않았습니다.

할 수 없이 식사는 거르고 간단하게 샤워를 한 후에 성경을 앞에 놓고 성경을 읽고 기도하면서 하나님의 도우심만을 간절히 기다릴 수밖에 없었습니다.

내 마음은 걷잡을 수 없으리 만큼 지칠 대로 지쳐 있었으며 성경을 펴 놓긴 하였으나 무엇을 읽어 될지 조차 모르고 정말 막연하였습니다.

그러던 중 나는 성경을 앞에 두고 나도 모르는 사이에 깊은 잠이 들어 버렸습니다.

하나님! 이럴 수는 없습니다

"너희가 일 찌기 일어나고 늦게 누우며 수고의 떡을 먹음이 헛되도다. 그러므로 여호와께서 그 사랑하시는 자에게는 잠을 주시는 도다." (시127:2)

만약 그 시각에 내가 잠을 자지 못했다면 염려와 두려움과 불안 속에서 어찌 한 시간인들 견디어 낼 수 있었겠습니까?

"너희 염려를 다 주께 맡겨 버리라 이는 저가 너희를 권고하심이니라."(벧전5:7)라고 하셨지만 막상 위기에 처하였을 때에 나의 자신을 바라보니 믿음이 없는 것 같았습니다.

"이에 베드로는 옥에 갇혔고 교회는 그를 위하여 간절히 하나님께 빌더라 헤롯이 잡아내려고 하는 그 전날 밤에 베드로가 두 군사 틈에서 두 쇠사슬에 매여 누워 자는데 파숫군들이 문 밖에서 옥을 지키더니 홀연히 주의 사자가 곁에 서매 옥중에 광채가 빛나며 또 베드로의 옆구리를 쳐 깨워 가로되 급히 일어나라 하니 쇠사슬이 그 손에서 벗어지더라."

(행12:5-7) 라고 하였습니다.

베드로가 내일 사형 집행을 당하게 되었습니다. 그는 그날 밤 근심과 두려움 속에서 잠을 잘 수가 없었을 터인데 그런데 그는 너무 깊은 잠이 들어 천사가 와서 흔들어 깨워도 잠을 잤습니다.

이러한 평안한 잠 두려움도 근심도 모든 염려 하나님께 맡기고 자는 잠은 하나님께서 사랑하는 자에게 주시는 잠일 것이라고 나는 믿고 있습니다.

성경을 보다가 성경을 앞에 두고 엎드려서 얼마를 잤을까? 누군가가 외치는 소리에 잠에서 깜짝 놀라 깨어 일어났습니다.

"전도사님! 전도사님! 비가오지 않습니다." 라고 너무나 큰 소리로 또렷하게 외치고 있었습니다.

그리고 또 다시 "전도사님 바람도 불지 않습니다."라고 외치고 있었습니다.

놀라서 깨어 시계를 보았더니 11시가 이제 막 지나는 시각이었습니다.

나는 벌떡 일어나서 나를 깨운 나의 아내에게 먼저몇 시에 비바람이 멈추었느냐고 물었습니다.

너무나 감격스러운 일이였으며 또한 제일 궁금한 것은 시간이었기 때문입니다.

그랬더니 분명한 대답은 정각 11시에 비바람이 멎었다

는 것이었습니다.

이게 무슨 일이란 말입니까? 나 같은 자의 기도를 들으시다니 "이럴 수는 없었습니다."

"정말 이럴 수는 없었습니다."

나 같은 자의 기도를 들으시다니!

정말 이럴 수는 없었습니다.

어떻게 이런 일이 일어날 수 있단 말입니까?

전지전능하신 하나님께서 나만 사랑하시는 것 같아 기쁘고 감격에 넘쳤습니다.

거룩하신 하나님께서 나를 사랑하셔서 눈물이 펑펑 쏟아져서 나는 엉엉 울었습니다.

"여호와는 나의 빛이요 나의 구원이시니 내가 누구를 두려워 하리요. 여호와는 내 생명의 능력이시니 내가 누구를 무서워 하리요. 나의 대적, 나의 원수 된 행악 자가 내 살을 먹으려고 내게로 왔다가 실족하여 넘어졌도다. 군대가 나를 대적하여 진칠지라도 내 마음이 두렵지 아니하며 전쟁이 일어나 나를 치려할지라도 내가 오히려 안연하리로다. 내가 여호와께 청하였던 한 가지 일 곧 그것을 구하리니 곧 나로 내 생전에 여호와의 집에 거하여 여호와의 아름다움을 앙망하며 그 전에서 사모하게 하실 것이라 여호와께서 환난 날에 나를 그 초막 속에 비밀히 지키시고 그 장막 은밀한 곳에 나를 숨기시며 바위 위에 높이 두시 리로다. 이제 내 머리가 나를 두른 내 원수 위에 들리리니 내가 그 장막에서 즐거운 제사를 드리겠고 노래하여 여호와를 찬송하리로다."(시27:1-6) 이 말씀은 내가 가장 즐겨 묵상하는 말씀입니다.

장례 준비

나는 즉시 교회의 젊은 남자 집사님 한분을 데리고 삽과 곡괭이를 하나씩 들고 뒷산 공동묘지로 올라갔습니다.

그리고 그 집사님으로 하여금 내가 지정하여 주는 그곳에 땅을 파게 하고 나는 다시 동네로 뛰어 내려왔습니다.

할 수만 있으면 빨리 내려가서 장례식을 준비하고 거행하려고 뛰어 내려왔습니다.

뛰어 내려오면서 보니 한산도 면배가 통통 거리면서 우리 섬으로 들어오고 있었습니다.

우리가 살고 있는 섬은 본섬과 불과 10여 리 정도 떨어져 있는 섬입니다. 본섬과 우리 섬은 바람이 불지 아니하면 호수처럼 잔잔한 바다였습니다. 그러므로 바람이 불지 아니하니 본섬에서 우리가 살고 있는 섬에 파도도 치지 아니하므로 그 바다는 아주 잔잔한 바다가 되었습니다.

그 면배가 동네 부두에 도착하자 조금 있자니 또 방송을 합니다.

"주민 여러분, 오늘 장례를 치르려는 모양인데 모이소." 라고 방송을 하니 동네 사람들이 동네 사무소로 모여들기 시작한 것 같았습니다.

조금 있자니 또 방송을 하는데 "전도사님 이곳 동 사무소로 내려오소. 면장님이 오셨고 지서장님이 오셨으니 빨리 내려오소." 라고 방송을 하였습니다.

난 그 때 당시 강도사였지만 강도사로 부르면 불신자들이 이상하게 말하고 생각할 것 같아서 계속 전도사로 불렀습니다.

나는 혼자 가는 것보다는 집사님 한분이라도 함께가면 좋겠다는 생각을 했습니다.

마침 초상집에 오시어 준비하고 있는 우리교회 집사님이면서 동네에서는 새마을 지도자인 집사님이 계시기에 함께 가자고 하였습니다.

그 집사님은 나와 함께 가자고 하는 말에 전도사님 두렵습니까? 라고 말 하였습니다.

아마도 같이 내려가는 것이 탐탁치 않을 뿐만 아니라 새마을 지도자가 그런 곳에 나타나는 것이 조금은 껄끄러운 생각이 있었던 것 같았습니다.

나는 실은 혼자 내려가는 것보다는 함께 가면 든든한 것은 사실이었습니다.

그래도 내색은 하지 아니하고 집사님 두렵긴 뭐가 두려워요 라고 하면서 함께 가자고 하니 못이기는 체하면서 따라나서 주었습니다.

동네 사무실로 내려가다가 보니 뒤에서 따라오시던 집사

님의 인기척이 없기에 뒤를 돌아보니 조금 전만 하여도 뒤를 따라 내려오시던 집사님이었는데 아마도 두려웠던지 어디로 숨어버렸습니다.

그렇다고 찾을 수도 없고 하여 나 혼자서 동네 사무실로 내려갔습니다. 동네 사무실 앞에 도착하니 여자분 들이 모두가 나를 향하여 노려보고 있었습니다. 그리고는 가래를 나에게 뱉으면서 얼굴을 휙 돌리며 길을 내어 주곤 하였습니다.

아마도 동네를 망하게 하는 자이기에 보기도 싫다는 뜻이 담겨 있는 듯 하였습니다.

내가 그들에게는 그들이 말하는 부정 타는 사람으로 보인 것 같아 보지도 아니하려고 하였습니다.

동네 사무실에 들어서니 면장님과 지서장님이 앞자리에 앉아 계셨습니다.

그리고 이장은 조그마한 연설대 앞에서 무어라고 말하고 있었습니다.

사무실 안의 기다란 의자에는 남자 분들이 빈자리 없이 가득히 앉아서 모두 나를 노려보는 듯이 하였는데 그곳은 살기가 가득 차 있었습니다.

내가 들어서자 앞자리에 앉아 계시던 면장님과 지서장님이 앉았던 자리에서 한자리씩 내려가 앉으시면서 나에게 자리를 내어 주었습니다.

나는 그들과 인사를 나누기 전에 먼저 의자에 앉아서 하나님께 기도를 드렸습니다.

저의 기도를 들어 주신 하나님 이젠 저의 입술과 저의 마음을 주관하여 주시기를 짧은 시간이지만 간절히 하나님께 기도를 드렸습니다.

내 마음에 두려움을 없애달라고 기도하였습니다. 기도를 마친 후에 일어나서 면장님과 지서장님에게 인사를 나누었습니다.

공무에 바쁘신 중에서도 와 주시어 감사하다고 인사를 드렸습니다.

그러자 이장이 나를 향하여 전도사님이 이 자리에 나와서 한 말씀 하십시오 라고 퉁명스럽게 나를 불러내었습니다.

나의 입을 주관하신 하나님

　나는 떠밀리다시피 이장이 서있는 자리에 조그마한 연설대 앞에 서게 되었습니다.

　모든 사람들이 나에게서 무슨 말이 나올까 싶어서 나를 노려보고 있는 모습들이었습니다.

　열려져 있는 창문에는 여자들의 얼굴들이 아마도 대여섯은 족하리만큼 창문마다 여자 분들의 얼굴로 가득 차 있었습니다.

　그 여자 분들의 눈빛은 너무나도 날카로워 보였으며 살기가 가득 차 보였습니다. 정말 인간적으로 볼 때에는 말문이 막히고 두렵고 떨릴 수밖에 없는 그런 상황이었습니다.

　나는 그날 그 살벌한 자리에서 무슨 말을 어떻게 하였는지 기억이 나질 않습니다.

　약 25분 정도의 설교! 하나님께서 나의 입을 주관하시어 설교를 하게 하셨습니다.

　내가 설교하는 동안 하나님께서 나의 입을 주관하셨으며 그 자리에 성령님께서 강하게 역사하셨으므로 아무도 움직이거나 숨소리조차 들리지 않으리만큼 너무나도 조용히 나의 말을 경청하였습니다.

마무리를 하면서 나는 정신이 들어 분명히 말한 것이 기억이 납니다.

"여러분 용왕은 없습니다. 오늘 새벽 나는 내가 믿는 살아계신 하나님께 간절히 기도하였는데 하나님께서 오늘 나의 기도를 들어주셨습니다. 오늘 오전 11시 정각에 비바람을 멈추게 하신 후 장례를 다 치룬 다음에야 비바람이 올 것임을 나에게 확신을 주셨습니다. 내가 믿는 하나님은 온 천지를 창조하신 살아 계시는 만왕의 왕이십니다. 내가 믿는 하나님은 인간의 생사화복을 주관하시며 자연 만물도 주관하시고 계십니다. 용왕에게 제사지내는 것은 우상을 숭배하는 일이기에 하나님이 싫어하십니다. 우상 숭배는 하나님께서 가장 싫어하시고 하나님께서 싫어하시는 일을 하면 망합니다. 오늘 여러분이 칼로 나를 죽인다고 하여도 나는 장례를 치룰 것입니다. 이미 공동묘지에 땅을 파놓은 그곳에 반드시 매장합니다."라고 말을 맺었습니다.

나는 당당하게 이 말을 마치고 동네 사무실에서 나왔는데 모든 사람들이 얼이 빠진 듯이 아무도 말을 못하고 그 자리에 앉아 있었습니다.

그리고 창문으로 들여다보는 여자들도 그 자리에 멍하니 가만히 있었습니다.

밖에 나오니 우리 성도들은 안에서 무슨 일이 벌어졌는가

걱정을 하는 듯 보였습니다.

동네 사무실에는 돌로 담을 쌓아두었는데 성도들은 담장 안에 들어오지도 못하고 담장 밖에 서서 조용히 두려움에 쌓여서 기다리고 있었던 것입니다.

나는 초상집에 올라가서 장례 준비를 재촉하여 시켰습니다. 모든 준비가 완료 되어 시신을 부둣가로 막 옮기려고 하니 면장님과 지서장님이 나를 만나자고 하면서 다른 곳으로 불러내었습니다.

그리고 조용히 나에게 하시는 말씀이 "전도사님 오늘 하시는 걸 보니 아무도 전도사님이 장례를 치루는 일에 반대하거나 훼방을 놓지 못할 것 같습니다. 그리고 아무런 일도 일어나지 아니할 것 같으니 전도사님 용기를 내어서 장례를 잘 치르도록 하세요." 하면서 가려고 했습니다.

끝까지 함께해 주면 얼마나 좋으련만 간다고 하니 붙들 수는 없었습니다.

또한 아무런 일도 일어나질 아니 할 거라고 하면서 가겠다고 하니 강하게 붙잡고 장례식까지 있어달라고 할 수도 없었습니다.

면장님과 지서장님은 면배를 타고 다시 한산도 본섬으로 돌아가셨습니다. 마음으로는 얼마나 섭섭하였는지 모릅니다.

기왕 왔으니 끝까지 있어 주었으면 하는 아쉬움도 있었

고 야속하기도 하였으며 기관장이라면 끝까지 남아서 지켜보는 것이 좋으련만 책임감도 없는 것 같아 원망스럽기도 하였습니다.

그러나 아마도 하나님께서는 사람을 믿지 말고 하나님만 바라보고 믿고 끝까지 충성하라는 오묘하신 섭리인 것 같았습니다.

나는 초상집에 올라가서 성도들에게 강하고 담대하라고 권하였습니다.

오늘 이일은 하나님께서 기뻐하시는 일이기에 강하고 담대하여 이일을 하자고 하였습니다.

성도들도 힘을 내어 아무 두려움 없이 관에 있는 시신을 성도들이 서로 서로 정성을 다하여 메고 찬송을 부르면서 부둣가에 내려갔습니다. 누구하나 감히 관을 막거나 손을 대어 붙드는 사람이 없었습니다.

그네들이 말하는 부정을 타기 때문에 곁에도 오질 못하고 모두 피해 주었습니다.

부두에서 이제 발인 예배를 드리게 되었습니다.

불신자들도 구경을 하기 위해 주위에 많이도 모여 있었으나 감히 가까이는 하지를 못하고 멀찍이 서서 지켜보고 있었습니다.

나는 예배를 인도하면서 그동안 방송하던 섬마을 이장을 향하여 여기에 세상을 떠나서 누워 있는 이분은 이곳에서 태어나시고 이곳에서 여러분들과 함께 정들어 살다가 이 세상 떠나신 분입니다.

그러나 세상을 떠나시고 나니 동네에 사시는 여러분들이 매장을 반대하고 있습니다. 슬픔을 당한 그의 유가족은 얼마나 애통해 하겠습니까?

세상 떠나신 분이 만약 이 사실을 보고 계신다면 얼마나 섭섭하시겠습니까? 바꾸어서 만약 이장님과 여기 모이신 주민 여러분들이 이렇게 되었다면 어찌 하겠는가고 한번 깊이 생각해보시기 바랍니다.고 지적하기도 하였습니다.

그리고 그 자리에서 구경하는 사람들을 하나하나 보면서 정말 담대히 하나님의 말씀을 증거 하였으며 나에게 그렇게도 욕을 하던 분들은 바라보았습니다.

또한 발인 예배를 전도의 기회로 삼고 드리고 있는 도중에 한 사람 한 사람 모두 더 이상 구경할 수 없었던지 떠나가 버리고 말았습니다.

이제 남아서 마지막 발인 예배를 마칠 무렵에는 참여하였던 불신자들은 가버리고 우리 성도들만 참여하여 찬송하면서 은혜롭게 발인 예배를 마쳤습니다.

발인 예배를 다 드리고 난 후에 이제 꽃으로 만든 상여에 관을 안치 하고 메고 올라가는 일만 남았는데 공동묘지로 올라가는 길은 너무나 경사가 심한 곳기에 몇몇의 성도들과 여성도 들로서는 감당할 수가 없는 어려운 상황이었습니다.

그러나 참석하였던 모든 성도들이 힘을 합하여 서로서로 메려고 나섰습니다. 나도 메고 올라가려고 준비하는데 성도들이 좀 염려를 하는 듯 하였습니다.

여호와 이레

　그 때 뜻밖에도 교회에 나오지도 아니하는 젊은 청년들이 10여 명이 가까이 다가왔습니다.

　그리고 나에게 하는 말이 우리가 상여를 메고 올라가도 되겠느냐고 라고 하였습니다.

　섬은 산으로 올라가는 길이 육지와는 달리 평탄하지 아니하였습니다. 너무나도 가파른 산길이기에 성도들 중에 남녀가 함께 어울려 메고 올라간다고 하여도 힘들어서 앞에서는 밧줄로 잡아 당겨 주어야 하고 뒤에서는 밀어야 하는 일이기에 그렇게 쉽지마는 않았습니다.

　너무나 힘들고 어려운 힘한 길이였는데 그래서 성도들도 염려하고 있었는데 젊은 남자들이 도와준다고 하니 이보다 더 좋을 수가 없었습니다.

　사실 그 젊은 청년들이 도와주지 아니한다면 실제로는 불가능한 일들 이었습니다.

　그런데 교회에도 나오지 아니할 뿐만 아니라 동네에서 반대하는 이 일을 자청하여 젊은 청년들이 앞장을 선다는 일은 동네사람들에게 눈총을 받게 되고 불신 가정의 자녀들이기에 그들의 가정에서도 어려움을 당할 터인데도 불구하고 이

일에 앞장선다는 것이 나에게는 한없이 고마운 일이지만 그 청년들에게는 너무 미안한 마음도 있었던 것은 사실입니다.

그 청년들은 이 일로 인하여 그의 부모님들에게 앞으로 크게 야단맞을 일이 분명하였습니다.

더욱이 그들도 얼마 있지 아니하여 곧 고기잡이 어선을 타고 나가야 할 분들입니다.

그들에게도 동제를 지내지도 않은 상태에서 시신을 옮긴다는 것은 부정 탄다는 오래전부터 내려오는 동제에 대하여 너무나도 잘 알고 있는 그들이 혹시나 배를 타다간 어떤 일이 있지나 아니할 까라는 두려운 생각도 있었을 터인데 말입니다.

그러나 이 일은 여호와 이례의 하나님께서 그들의 마음을 움직여 놓은 것 같았습니다.

이 일은 아무리 이해하려고 하여도 사람의 생각으로는 있을 수 없는 일이였습니다.

정말 막힌 길을 열어 주시는 하나님이 아니고서는 있을 수 없는 이런 일들을 하나님께서 또 행하여 주시므로 감격에 넘치게 하셨습니다.

정말 우리 하나님은 너무 세밀히 간섭하시고 우리의 연약한 체질도 알고 계시는 분이십니다.

나의 힘들어 하는 부분도 알고 계시고 이미 준비하여 놓고 계시는 너무나도 세밀하신 하나님이십니다.

온 성도들이 감사와 감격에 넘쳐서 함께 찬송을 부르면서 공동묘지로 향하였습니다. 무사히 공동묘지에 그들의 도움으로 도착하여 하관 예배를 드렸습니다. 그 젊은 청년들의 도움으로 함께 매장도 하게 되었는데 그들이 앞장서서 이 일도 함께 협력하여 어려움 없이 매장을 하였습니다.

과연 우리가 믿는 하나님은 여호와 이레의 하나님이심이 분명합니다.

하나님께서 행하셨습니다

모든 장례 절차를 다 마친 후 매장도 끝이 나고 난후 나는 삽을 들고 묘지 위에 올라섰습니다. 그리고 그 삽으로 무덤을 탕탕 두드리면서 나는 외치고 있었습니다.

하나님 너무 감사합니다. 하나님 너무 감사합니다. 나 혼자 흐느끼면서 몇 번이고 하나님 감사합니다.라고 외쳤는지 모릅니다.

그때 하나님께서는 나의 음성을 들으셨는지 비가 후 두둑 떨어지기 시작하였습니다.

이젠 비를 맞아도 너무 좋았습니다.

하나님께서 응답하신 표징이기 때문입니다.

그 사건이 일어 난 후부터 삼일 동안은 비바람이 심하게도 몰아쳤습니다. 그 이후에 하나님께서 진노하신 일들에 대하여선 쓰지 아니하려고 합니다. 그 사건이 일어난 후 나의 신앙 고백은 하나님을 찬양하는 것이 나의 신앙관이 되었습니다.

그리고 하나님께 구하는 나의 기도는 항상 이렇게 하나님을 높이는 기도였습니다.

길이 없는 곳에 길을 만들어 주시는 하나님!
길이 막힌 곳에 길을 열어 주시는 하나님!
없는 것도 있게 하시는 하나님!
죽은 자도 살리시는 전능하신 하나님!
절망 중에 빠진 자에게 소망 주시는 하나님!

오늘도 위대하신 하나님께서 저를 만나 주시고 은총의 표
징을 나에게 나타내어 주셔서 나와 관계된 일을 완전케 하사
하나님께서 행하시는 일들을 증거하며 살게 하소서!
이것이 나의 기도가 되었습니다.
이제는 하나님께 무엇을 요구하지 아니하고 하나님의 놀
라우신 그 능력과 그 사랑하심을 증거하고 자랑하는 것이 나
의 기도가 되었습니다.

기억하라

하나님께서 행하셨던 놀라운 일들은 오랜 세월이 지나도 잊을 수 없으며 늘 항상 기억하고 있습니다.

"기억하라"는 하나님의 말씀을 상고하고자 합니다.

"네가 혹시 심중에 이르기를 이 민족들이 나보다 많으니 내가 어찌 그를 쫓아 낼 수 있으리요. 하리라마는 그들을 두려워 말고 네 하나님 여호와께서 바로와 온 애굽에 행하신 것을 잘 기억하되 네 하나님 여호와께서 너를 인도하여 내실 때에 네가 목도한 큰 시험과 이적과 기사와 강한 손과 편 팔을 기억하라. 그와 같이 네 하나님 여호와께서 네가 두려워하는 모든 민족에게 행하실 것이요. 네 하나님 여호와께서 또 왕벌을 그들 중에 보내어 그들의 남은 자와 너를 피하여 숨은 자를 멸하시리니 너는 그들을 두려워 말라. 너희 하나님 여호와 곧 크고 두려운 하나님이 너희 중에 계심이니라."(신명기 7:17-21)

하나님께서는 하나님의 백성들이 인생길을 걸어가는 동안 어려운 시험을 당하였을 때에 이스라엘 백성들을 인도하시던 일들 중에서 그 백성들이 큰 시험에 빠졌을 때에 하나님께서 어떤 큰 기적들을 행하셨는지 하나님께서 그 백성들을 어떻게 인도하셨는지를 잘 기억하라고 하셨습니다.

즉 어려운 시험이 닥쳐와도 하나님께서 어떻게 인도하시는지 어떻게 기적을 행하시며 역사하시는지를 잘 기억하고 두려워하지 말라고 하셨습니다.

그리고 이후 그들의 앞길을 가로 막는 어떠한 세력 앞에서라도 조금이라도 두려워하지도 말고 낙망하지도 말고 안심하라고 말씀하셨습니다.

참된 신앙생활이란 하나님의 은총을 잘 기억하는 데서부터 시작되는 것입니다.

1. 큰 시험을 기억하라고 하셨습니다.

"네 하나님 여호와께서 너를 인도하여 내실 때에 네가 목도한 큰 시험과 이적과 기사와 강한 손과 편 팔을 기억하라 그와 같이 네 하나님 여호와께서 네가 두려워하는 모든 민족에게 행하실 것이요"(신7:19) 라고 하셨습니다.

이스라엘 백성에게 임하였던 큰 시험을 기억해야 하는데 이는 홍해에서 있었던 일들을 잘 기억해야 합니다. 출 14:8-31 이 사건은?

첫째, 이스라엘 백성들은 애굽에서 430년 동안 노예생활을 하였는데 고통 중에서 그들이 하나님께 부르짖었습니다.

하나님께서 그들의 부르짖음을 들으시고 바로의 손에서 건져내시어 하나님께서 언약하신대로 가나안 복지로 인도하시게 되었습니다.

그들은 오직 하나님의 전적인 크신 은혜로 자유 함을 얻어 가나안 복지를 향하여 가게 됩니다.

그런데 꿈에도 그리던 젖과 꿀이 흐르는 하나님께서 언약하신 가나안 복지를 향하여 가는 이스라엘 백성들 앞에 홍해가 가로 막았습니다.

특히 낮에는 구름기둥으로 밤에는 불기둥으로 하나님께서 직접 인도하신 길이었습니다.

즉 하나님의 인도하심 따라 행하는 길이었습니다. 그런데 홍해가 그들의 앞길을 가로 막았다는 것은 큰 시험 중에 큰 시험입니다.

1) 좌우로 갈 수 없는 어려운 난관이 닥쳤습니다.
2) 뒤에는 애굽 군사들이 광풍처럼 이스라엘 백성들을 죽이려고 추격하여 왔습니다.
3) 이는 가장 큰 시험이었으며 독 안에 든 쥐의 처지라고 표현하면 좋을 것 같습니다.
4) 그래서 이스라엘 백성들은 낙담하여 하나님과

인도자 모세에게 원망을 하게 되었으며 돌을 들고 모세를 치려고 했습니다.

둘째, "모세가 백성에게 이르되 너희는 두려워 말고 가만히 서서 여호와께서 오늘날 너희를 위하여 행하시는 구원을 보라 너희가 오늘 본 애굽 사람을 또 다시는 영원히 보지 못하리라 여호와께서 너희를 위하여 싸우시리니 너희는 가만히 있을지니라."(출14:13-14) 이때에 모세는 이스라엘 백성들을 향하여 조용히 서서 하나님께서 역사하시는 일들을 보자고 하였습니다.

오늘 본 애굽 군사들은 영원히 보지 못할 것이라고 하였습니다. 하나님의 능력만 앙망하라는 의미입니다. 우리가 믿는 하나님은?

길이 없는 곳에는 길을 만들어 주시는 하나님이십니다.
길이 막힌 곳에는 길을 열어 주시는 하나님이십니다.

셋째, 가로 막은 홍해가 원수 대적을 수장시켰습니다. 앞길을 가로 막은 홍해, 이스라엘 백성으로 하여금 낙담케 만들었던 홍해가 원수 대적들을 없애 버리는 무기가 될 줄이야 누가 감히 예측이나 하였겠습니까?

앞길을 가로 막은 장애물인 홍해가 하나님께서 역사하시

니 수천 년 동안 바다 물밑 진펄이 마른 길 평탄한 길이 되어 버렸습니다.

추격하여 오는 대적들은 양 옆 바닷물이 병풍처럼 세워진 바닷물이 합치므로 이제껏 괴롭혀왔던 애굽 군사들을 모두 수장시켜 버렸습니다.

이 일들을 큰 시험에 빠진 이스라엘 백성들이 상상이나 했겠습니까? 이 크나큰 시험이 하나님께 영광이 될 줄이야 누가 감히 상상이나 하였겠습니까?

"사람이 감당할 시험 밖에는 너희에게 당한 것이 없나니 오직 하나님은 미쁘사 너희가 감당치 못할 시험 당함을 허락지 아니하시고 시험 당할 즈음에 또한 피할 길을 내사 너희로 능히 감당하게 하시느니라."(고전10:13)

2. 신 광야에서 되어 진 이적을 기억해야 합니다.

첫째, 광야 40년간 낮에는 구름기둥 밤에는 불기둥으로 인도 하셨습니다. 항상 함께하시면서 인도하신 하나님이십니다.

둘째, 40년 동안 만나를 먹이시고 메추라기를 풍성히 주셨습니다.

이스라엘 백성의 40년 광야생활 때 만나가 1주일분 혹은 한 달분이 한꺼번에 내린 것이 아니고 매일매일 내려 주셨습니다.

이스라엘 백성이 죄를 지을 때에도 만나는 계속해서 내려 주셨으며 주시겠다는 날에 주시지 않은 적은 단 한 번도 없었습니다. 이는 변함없는 하나님의 사랑을 나타냅니다.

셋째, 앞서 행하시면서 인도하여 주셨습니다.

"너희 앞서 행하시는 너희 하나님 여호와께서 애굽에서 너희를 위하여 너희 목전에서 모든 일을 행하신 것 같이 이제도 너희를 위하여 싸우실 것이며 광야에서도 너희가 당하였거니와 사람이 자기아들을 안음같이 너희 하나님 여호와께서 너희의 행로 중에 너희를 안 으 사 이곳까지 이르게 하셨느니라."(신1:30.31)라고 하셨습니다.

넷째, 우리를 위하여 지금도 싸워 주십니다.

다섯째, 사람이 사랑하는 아들을 안음같이 하나님께서 우리를 품에 안아 주십니다.

1) 40년 동안 옷이 해어 지지 않았습니다.

"이 사십년 동안에 네 의복이 해어지지 아니하였고 네 발이 부릍지 아니하였느니라."(신 8:4) 라고 하셨는데 이는 어렸을 때와 장년이 되었는데 옷도 몸에 맞도록 커져 갔습니다. 그들의 의복이 40년 동안 입어도 해어지지 않았습니다.

이는 세밀히 섭리하심을 의미합니다.

2) 신발이 해어지지 않고 발이 부르트지 않았다고 하셨습니다.

"주께서 사십 년 동안 너희를 인도하여 광야를 통행케 하셨거니와 너희 몸의 옷이 낡지 아니 하였고 너희 발의 신이 해어지지 아니 하였으며"(신 29:5)라고 하였습니다.

어렸을 때와 장년이 되었는데 신발이 발에 맞도록 커져 갔습니다. 그들의 신발이 40 년 동안 신어도 헤어지지 않았습니다. 이것은 이적 중에 이적입니다.

3) 머리털까지 세신 하나님이십니다.

"너희에게는 머리털까지 다 세신 바 되었나니 두려워하지 말라"(마 10:30-31)라고 하셨는데 하나님의 놀라우신 사랑을 말씀하고 계십니다.

머리털의 수는 알아도 몰라도 되는 즉 관심 밖의 일입니다. 그러나 하나님께서는 성도의 관심 밖에 있는 일까지도 섭리하심을 의미합니다.

두려워하지 말라는 말씀이 성경에는 365번이나 있다고 합니다. 어느 주경 신학자는 일 년이 365일인데 매일 담대하라는 말씀이라고 합니다.

하나님의 놀라우신 사랑하심과 하나님의 놀라우신 섭리하심을 늘 감사와 찬양을 드려야 합니다.

하나님을 믿고 섬기는 성도들은 항상 감사와 감격속에서 주 하나님을 경외하며 섬겨야 합니다.

이 섬에서의 일어났던 일들은 나로 하여금 평생에 잊을 수 없는 일들입니다.

나는 하나님께서 행하시고 응답하여 주신 일들을 지금껏 잊어 본적이 없었습니다. 늘 이 일들을 기억하고 하나님의 능력을 자랑하고 증거 하면서 살아가고 있습니다.

일생동안 늘 감사와 감격 속에서 충성하며 살아가도록 하나님께서 나를 만드셨습니다.

하나님께서 베푸신 은총을 늘 기억 하면 너무 기쁘고 두려움이 사라지며 변함없이 사랑으로 대하시는 하나님께 감사드립니다.

하나님을 찬양합니다.
하나님 사랑합니다!

충무 제일교회

섬에서 이 사건이 일어난지 한 달이 채 안되었을 때였습니다.

나의 생애에 놀라운 일들이 여호와 이레 되신 하나님께서 이미 나의 가는 모든 길들을 준비해 놓으시고 인도하시고 계셨습니다.

하나님께서는 나에게 너무나 크고 감당할 수조차 없는 큰 은총을 베풀어 주셨습니다.

나는 부족하고 우둔한 자이며 나의 뒤에서 정치적으로 봐줄 분도 변호해 줄 분도 없었습니다.

그런데 하나님의 은혜로 나는 충무 제일교회에 강도사인 내가 청빙을 받게 되었습니다. 이는 전적인 하나님의 은혜요 은총이었습니다.

그 해에 나는 충무 제일 교회에서 목사 안수를 받게 되었습니다.

"만군의 여호와가 이르노라 보라 극렬한풀무불 같은 날이 이르리니 교만한 자와 악을 행하는 자는 다 초개 같을 것이라 그 이르는 날이 그들을 살라 그 뿌리와 가지를 남기지 아니할 것이로되 내 이름을 경외하는 너희에게는 의로운 해가 떠올라서 치료하는 광선을 발하리니 너희가 나가서 외양간에서 나온 송아지 같이 뛰리라 또 너희가 악인을 밟을 것이니 그들이 나의 정한 날에 너희 발바닥 밑에 재와같으리라 만군의 여호와의 말이니라."(말4:1-3) 나는 말라기 선지자가 증거 한 이 말씀을 두렵고 떨리는 마음으로 항상 묵상하며 굳게 믿고 삽니다.

사람이 교만하면 하나님께서 망하게 하십니다.

그러나 여호와의 이름을 경외하기만 하면 만군의 여호와의 이름으로 약속하신 5 가지의 엄청난 복을 언약하신 것을 굳게 믿습니다.

첫째, 의로운 해가 떠오른다고 하셨습니다.

나의 가는 길에 하나님께서 길을 열어서 빛을 비추어 주신다는 말씀입니다.

하나님은 어두움을 물리치시고 의로운 태양이 나의 앞길을 비추어 주시는 분이 십니다.

어두움은 가난, 고난, 실패, 질병, 환난, 역경 등을 의미하는데 이 어두움을 몰아내시고 의로운 태양이 떠올라서 가는 길을 인도하십니다.

둘째, 치료의 광선을 발하신다고 하셨습니다.

　말라기 선지자가 활동하던 때는 벌써 2.400 여 년전의 선지자인데 하나님께서는 2.400 여 년 전에 치료의 광선을 말씀하셨습니다.
　지금 현대의학에서는 방사선 치료라든지 레이저라는 빛으로 치료한다고들 합니다.
　치료의 하나님께서 영육의 질병을 치료의 광선으로 치료하시는 하나님이십니다.

　셋째, 외양간에 나온 송아지 같이 뛰리라고 하셨습니다. 봄이 오면 갓 태어난 송아지는 농부들이 심어놓은 밭에도 이리저리 뛰면서 좋아라합니다.
　이는 거리낌이 없는 참 자유와 참 기쁨과 참 평안을 의미하는데 감사와 감격으로 평안과 기쁨 속에서 주님을 섬기게 하시는 하나님이십니다.

　넷째, 악인을 밟는다고 하셨습니다.

　"내 사랑하는 자들아 너희가 친히 원수를 갚지 말고 진노하심에 맡기라 기록되 었으되 원수 갚는 것이 내게 있으니 내가 갚으리라고 주께서 말씀하시니라."(롬12:19) 원수 갚는 일은 하나님께서 하시면서 나로 하여금 승리하게 하시는 하나님이십니다.

그러므로 원수에 대하여 신경 쓸 필요조차 없 으며 그들을 위해 오히려 기도하면 됩니다.

다섯째, 정한 날에 너희 발바닥 밑에 재와 같으리라고 하셨습니다.

"내가 모세에게 말한 바와 같이 무릇너희 발바닥으로 밟는 곳을 내가 다 너희에게주었노니"(수 1:3) 발바닥으로 밟는 그곳을 여호수아에 주신다고 하신 하나님이십니다.

나의 지경 나의 활동할 수 있는 무대로 주시겠다는 의미입니다.

나는 그 섬 교회를 떠나왔으나 언제나 그 교회를 위하여 기도하고 있으며 모 교회처럼 사랑합니다.

나에게는 평생토록 잊지 못할 아름다운 추억이 있는 교회이기 때문입니다.

놀라운 하나님의 은총을 생각하고 증거 할 때마다 새삼스럽게 그 교회를 생각나게 하며 하나님의 크신 은총에 머리를 숙이기도 합니다.

그 교회를 떠나 온지 1년쯤 지난 후 그 섬 교회의 소식을 듣고 너무 기뻤습니다.

장례를 치룬 이후 그 섬에서는 그 해에 고기도 많이 잡히었다고 합니다.

용왕에게 드리는 동네 제사도 못 지냈는데도 심한 풍랑도 없게 되었답니다. 그렇게 되자 동네 제사의 무용론을 젊은이들이 주장하게 되었습니다. 섬 주민들은 그들의 제안을 아무런 이의 없이 받아 드리게 되었답니다.

반갑게도 200여년의 역사가 있는 용왕에게 드린다는 동제가 없어 저버리게 되었다는 것입니다.

하나님께서 가장 싫어하시는 것은 우상숭배입니다.

있지도 아니하는 용왕에게 드리는 동네 제사가 없어 졌다고 하니 이 보다 더 기쁜 소식이 어디에 있겠으며 이 일로 인하여 나는 얼마나 하나님께 감사와 찬양을 드렸는지 모릅니다.

그것도 200 여년의 역사를 가지고 있는 섬사람들이 믿고 일 년 중 가장 중요하게 여기는 존재하지도 아니하는 용왕에게 드린다는 그제사가 없어졌으니 하나님께서 얼마나 기뻐하셨겠습니까?

나의 목회 초년생

나의 나이 약관 30세에 충무 제일교회의 담임 목사가 되었습니다.

그 이듬해에는 하나님의 은총 속에서 충무제일교회의 위임목사가 되었습니다.

나의 아내와 함께 위임 식 때에 내가 해야 할일이 무엇인지 어떻게 해야 할지를 몰라서 밤새도록 고민에 빠진 적이 있었습니다.

그 위임 식으로 인하여 나는 정말 필요한 모든 것을 충만히 받은 큰 부자가 되었습니다.

많은 분들께서 너무나 많은 선물을 해주셨습니다. 그제서야 이게 위임 식이구나 처음 느끼면서 이렇게 좋았는데 밤새워가면서 며칠 동안을 아내와 함께 고민에 빠진 나의 자신이 부끄럽기도 하였습니다.

나는 부지런히 기도하며 열심히 충성하면서 정말 열심히도 교회를 섬겼습니다.

하나님을 섬기는 일이 얼마나 기쁘고 감격에 넘치는 일이었는지 모릅니다.

매일 매일의 나의 생활은 꿈에 부풀어 있었습니다. 충성스럽게 교회를 섬기는 목회의 생활이 너무나 즐거웠으며 보람을 느끼면서 행복하였습니다.

난 충무제일 교회에서의 목회생활은 나에게 있어서 꿈같이 아름답고 좋은 추억이 너무나 많이 남아있으며 목회자로서의 목회초년생으로서의 사역하던 그 교회역시 많이 그립습니다.

충무제일교회의 성도들은 너무 아름답게 신앙생활 하시는 분들로 가득합니다.

작은 기도를 들어 주시는 하나님

충무제일 교회에서 목회하는 어느 날이었습니다. 하루는 연세 많으신 목사님 한분이 늘 가까이에서 생활하셨던 분이었습니다.

그 목사님이 나에게 오셔서 김 목사님 농촌인 우리 교회에서 성구를 어렵게 구입하여 들여놓았는데 좀 벌레가 얼마나 많은지 강대상과 의자에 아침마다 청소하느라 고생이 말이 아니라고 하였습니다.

그러면서 좀 벌레가 성구를 다 갉아먹어서 걱정이라고 하면서 좀 벌레를 없애는 좋은 방도가 없는 가고 나에게 물어왔습니다.

좀약을 쳐도 아니 되고 모기향을 문을 닫고 밤새도록 피워도 아니 된다는 것입니다.

그리고 좀 벌레 퇴치를 위해서 할 수 있는 방법은 다 동원했는데에도 안 되어서 정말 큰일이며 이 일로 인하여 골머리를 앓는다는 것입니다.

나에게 좋은 방도가 있으면 알려달라고 그리고 약이 있으면 알려 달라고 진지하게 물어왔습니다.

나는 그때 스스럼없이 한다는 말이 목사님 기도하시면 됩니다. 라고 했습니다.

그랬더니 목사님이 기분이 많이 상하신 모양으로 김 목사님 누가 기도 모르나 그리고 그런 문제를 가지고 어떻게 기도하란 말인가 라고 하면서 대단히 못마땅하게 여기시면서 젊은 목사인 내가 연세 많으신 목사님을 무시한 것처럼 아주 기분나빠하셨습니다.

나는 그 옛날 처음 전도사로 부임한곳이 충북 제천군 수산면 괴곡리에 있는 조그마한 괴곡 교회에 부임한 적이 있었습니다.

지금은 충주 땜으로 인하여 수몰이 되어 버렸지만 말 그대로 괴곡 이기에 그곳에는 뱀과 지네가 우굴거리고 정말 너무 많았습니다.

한번은 심방을 갔다가 오는데 우리 집 앞에 포도나무 한 그루가 자라고 있었습니다.

그런데 집 앞에서 제법 잘 자라는 포도나무에는 포도도 맺히고 하여 포도덩굴을 올려놓았는데 그 포도덩굴에 무엇인가 번쩍 번쩍 빛이 나고 있었습니다.

아내와 함께 가까이 가서 보니 뱀 한 마리가 포도덩굴을 감고 있었습니다.

아내와 가까이 가니 이 뱀이 스르르 내려와서 옛날 농촌 교회 예배당은 판자로 만든 마룻바닥이었으며 마룻바닥 밑에는 바람구멍을 여러 군데 내어놓아서 곰팡이가 피지 못하도록 하였습니다.

바람구멍으로 바람이 들어와 통풍이 잘 되어야 또한 마룻바닥이 상하지 않도록 만들어져 있었습니다.

그런데 포도덩굴에 있던 이 뱀이 마루 밑 바람구멍으로 들어가는 것이었습니다.

교회당의 마룻바닥은 소나무판자로 마룻바닥을 만들었기에 오랜 세월이 지나므로 소나무 옹이가 빠져서 구멍이 여러 군데 나있었습니다.

뱀이 그 바람구멍으로 들어간 연 후에는 나는 새벽예배에 나가면 예배를 인도하고 조용히 혼자 기도하려고하면 그 구멍으로 뱀이 올라오는가 싶어서 구멍을 막기도 했지만 뱀이 올라오는 기분이 있었습니다.

새벽 예배를 마치고 나면 나는 주님이라고 외친 후에는 온 교회 마룻바닥을 이리 저리 보면서 살피는 것이 나의 일이었으니 어찌 기도가 되겠습니까?

방석이나 아니면 한쪽 구석에 뱀이 숨어있는 기분이 있어서 정말 기분이 안 좋았습니다.

하루는 수요 예배를 마치고 집으로 들어가는데 집추녀 밑에 제비가 집을 짓고 새끼를 부화되었는데 이 제비가 짹짹거리면서 소란을 피웠습니다.

전등을 켜서 쳐다보았더니만 뱀 한 마리가 제비 새끼를 막 잡아먹고 있었습니다.

빨리 집사님을 부르니 용기 있는 집사님이 달려오더니만 삽으로 그 뱀을 힘을 다해 눌러 잡기에 나도 같이 삽을 붙잡고 눌러서 잡았습니다.

집사님이 왜 삽을 그렇게 꼭 쥐고 힘을 쓰느냐고 묻기에 나는 웃으면서 혹시 제비가 강남 갔다가 박씨 하나 가져오지나 않나 해서라고 하니 참석한 교인들과 집사님들이 함께 웃기도 하였습니다.

하루는 새벽 예배 갔다가 와서 잠시 서재로 쓰는방에서 누워 쉬고 있었습니다.

그런데 나의 등이 얼마나 저리고 아픈지 나의 아내에게 등을 보여 주었습니다.

놀랍게도 커다란 지네가 등에서 나의 살을 꽉 물고메어 달려 있다고 해서 나도 놀랐으며 아내도 엄청 놀랐던 모양입니다.

나의 아내는 얼마나 놀랐는지 놀란 나머지 오직 지네를 잡아야 되겠다는 마음으로 아내가 파리채로 나의 등을 얼마나 쎄게 때렸는지 모릅니다.

지네는 떨어졌지만 나는 지네에게 물리고 파리채에 얼마나 쎄게 얻어맞았는지 정신이 얼얼하여 화도 났지만 지네 잡는 일이기에 참을 수밖에 없었습니다.

결국 지네에게 물린 자리는 꽈리만큼 크게 부어올라서 매우 저리고 아팠습니다.

옛날 어른들이 말하기를 뱀에게 물리면 약이 있어도 지네에게 물리면 약이 없다는 말을 들은 적이 있어서 또 물린 자리가 얼마나 심한 진통이 오는지 아 이거 큰일이구나 싶어서 심히 걱정이 되었습니다.

그래서 걱정이 되어 전도사가 지네에게 물러 죽는다면 이게 무슨 일이 이런 일이 있어서야 되겠는가 싶어서 하나님께 정말 간절히 기도하였습니다.

옛날 사도바울은 독사에게 물려도 괜찮았는데 그래도 복음을 증거 한다고 하는 가난한 전도사가 지네에게 물려서 죽는 다면 이건 순교도 아니고 헛된 죽음이 되겠기에 하나님께서 치료하여 달라고 정말 간절하게 기도하였는데 하나님께서 치료하여 주셨습니다.

그런데 그곳에는 뱀과 지네가 너무 많았습니다.

밤에 자려고 하면 지네가 벽으로 기어 다니는 소리가 나므로 소름이 끼쳤습니다.

이러한 교회에서 어떻게 복음을 증거 하면서 마음 편안히 지낼 수 없을 것 같았습니다.

그러던 어느 날 농어촌 미 자립 교회에 무디 선교회에서 전도용으로 성화(영화)를 무료로 상영하여 주었는데 그때 우리교회가 선정이 되어 영화를 상영하게 되었는데 그 때에 많은 분들이 영화 구경하려고 교회로 찾아왔습니다.

그 때 당시에는 영화를 본다는 것이 정말 어려웠습니다.

TV도 없었던 때였기에 교회에서 영화를 상영한다고 하면 신불신간에 영화 구경 하러가자고 서로서로 연락해서 동네 사람들이 많이 구경 왔습니다.

그날 밤 그 성화를 상영한 후에 무디 선교회의 성화를 상영하는 분과함께 저의 집에서 함께 자는데 그분은 최 집사님 이라는 분이였습니다.

나는 그분과 이런 저런 이야기를 하던 중 나는 이 교회를 할 수 만 있으면 빨리 몰래 떠나가고 싶다고 그 집사님에게 말을 하였습니다.

그 집사님이 왜 그러느냐고 묻기에 뱀과 지네 때문에 못 살겠다고 하였습니다.

그랬더니 그 집사님이 전도사님 기도하세요. 라고 나에게 조언을 하여 주었습니다.

그 말을 들은 나는 그때에 정말 기분이 나빴습니다. 나는 그래도 명색이 전도사고 자기는 비록 농어촌 교회에 다니면서 전도도하면서 성화를 상영해주는 좋은 일을 하는 분임에는 틀림이 없지만 그 분은 집사인데 나를 보고 기도하라고 하니 기분이 매우 나빴으며 누구는 기도를 모르는가 싶어서 말은 못하였지만 정말 기분이 많이 상하였습니다.

기분 나빠하는 나의 표정을 본 집사님이 얼른 자기의 과거 이야기를 들려주었습니다.

전도사님 저가 옛날 고시 공부하기위하여 조그마한 사찰

에 간적이 있었다면서 이런 이야기였습니다.

옛날 절간에 조그마한 방의 천정에는 철사로 줄을 메고 그 줄 사이에 신문지를 바르고 그 밖에는 도배지를 덫 부쳐서 바르는데 그 천정에는 밤이 되면 쥐의 운동장이 되어 쥐가 이리 뛰고 저리 뛰어 다니는 소리 때문에 공부가 집중이 되지도 않고 자기도 이 절에서 옮겨야 되겠다고 생각을 하였답니다.

그리고 천정에는 쥐가 오줌을 누어서 지도를 그려 놓았다는 것입니다.

더욱이 하도 쥐가 지도를 많이 그려 놓아서 방에 들어가면 메케한 냄새가 진동하여 코를 찌르고 해서 도저히 방에 들어가기가 싫고 방에 들어가면 냄새 때문에 머리도 띵하게 아프고 냄새를 많이 맞고 나면 이튿날 밥맛도 없더라는 것입니다.

그래서 집사님이 하나님께 간절히 기도해야 되겠다고 마음을 먹고 기도했답니다.

하나님 이 쥐떼들이 모두 이곳에서 이사를 가게 해주십시오 라고 간절하게 기도를 하였는데 그 이튿날 쥐들이 이사를 가는데 새끼들도 이사를 가다가 추녀 끝에 많이도 떨어져서 죽었다는 것입니다.

그 이후 집사님이 고시 공부를 하는 동안에는 그곳에서 다시는 쥐와의 전쟁을 하지도 아니하였고 고시 공부를 하는데 전혀 쥐의 소리도 듣지 않았으며 냄새도 맞지 않게 되었다는 이야기였습니다.

나는 그 말을 듣고 나니 그 집사님에게 기분 나쁘게 대 했던 것이 얼마나 부끄럽고 미안하던지 사과하고 대접을 잘해 보내드린 적이 있었습니다.

그 이튿날 나도 아내에게 그 이야기를 들려주고 함께 하나님께 기도하였습니다.

하나님 뱀과 지네들을 모두다 이곳에서 멀리 이사를 보내 주십시오. 라고 저의 아내와 함께 간절하게 기도하기 시작하였습니다.

과연 하나님께서는 나의 기도를 들으시고 뱀과 지네를 이사를 보내 주셨습니다.

그 이후로부터 뱀과 지네를 예배당 주위에서도 보지 못하였으며 집 부근에서도 보지 못하였습니다.

그 이후 나는 그 때 당시 대다수의 전도사들의 생활은 가난하였는데 나의 형이 나에게 필요한 것이 무엇인가고 물어서 책장이 필요하다고 하였더니 나에게 제법 예쁘고 큼직한 책장 하나를 사주었습니다.

그런데 형이 사준 그 책장에 좀 벌레가 먹어서 책장이 말이 아니었습니다.

그때에도 나는 좀 벌레를 퇴치하기위하여 여러 방면으로 노력해보았습니다.

그러나 모든 것이 허사였으므로 나는 하나님께 기도해야 겠다고 마음먹었습니다.

하나님 가난한 전도사의 하나밖에 없는 책장에 좀 벌레가 먹어서 여러 방면으로 없애려고 노력해 보았으나 안 되므로 하나님께 구하오니 이 좀 벌레를 멀리 이사를 보내주십시오 라고 간절하게 기도를 드리게 되었습니다.

그렇게 기도하였는데 하나님께서 나의 이런 기도까지 들어주시어 좀 벌래가 이사를 가버렸습니다.

하나님께서는 이 작은 문제 까지 해결하여 들어 주시는 사랑의 하나님이십니다.

나는 이 이야기를 좀 벌레 때문에 걱정하시는 목사님께 들려 드렸습니다.

그랬더니 그 목사님께서는 머리를 끄덕이시면서 그옛날 내가 기분 나빠했던 그 모습을 그 목사님께서도 그렇게 하셨 는데 목사님께서도 나에게 미안해하시면 서 즉시 나도 그렇 게 기도해야 되겠다고 하시며 서둘러 목사님의 섬기시는 교회로 돌아가셨습니다.

한 주간이 지났을까 그 목사님께서 나를 찾아오시어 김 목사님 나 효과 봤어요. 하시면서 매우 만족해 하시면서 나의 서재 실을 찾아 오셨습니다.

목사님은 앉자마자 나에게 하시는 말씀이 김 목사님 정말 이래도 안 되고 저래도 안 되던 일들이 목사님이 하시던 말씀대로 처음에 나도 기분이 나빴지만 하나님께 좀 벌레 이사를 보내달라고 기도하였더니만 하나님께서 즉각적으로 응답해 주셨어요. 하시면서 그렇게도 애쓰고 노력했는데 하나님께 기도하였더니 좀 벌레를 이사 보내 주셨다고 매우 만족해 하시면서 어린아이처럼 기뻐하셨습니다.

나의 하나님은 너무 세밀하시고 우리의 기도를 들어주시는 살아계신 하나님이십니다.

비록 부족하고 허물 많은 나의 기도를 잘도 들어 주시는 살아계시는 지금도 변함없이 역사하시는 인격적인 하나님 이십니다.

그러나 살아계시며 응답하여 주시는 하나님을 믿는다고는 하면서도 이런 작은 기도는 잘 드리지 못하는 경우가 우리에게 간혹 있습니다.

작은 일에서부터 큰일에 이르기까지 모든 것을 하나님께 맡기고 기도하는 삶이 되어야겠습니다.

어느 날 저의 친구 목사들은 나에게 왜 너는 산아제한을 하지 아니하느냐고 국가의 정책을 따르지 아니한다고 만날 때 마다 조롱을 하기도 하였습니다.

그 때 당시에는 국가의 정책으로 산아제한을 하였는데 아들 딸 구별 말고 둘만 낳기 운동을 하더니만 하나만 낳아야 된다고 하던 때였습니다.

하나를 낳으면 현대인이고, 둘을 낳으면 문화인이고 셋

을 낳으면 야만인이고 넷을 낳으면 식인종이고 다섯을 낳으면 사람도 아니라고 놀려대던 때였습니다.

실제적으로 나는 아들이 둘이였으며 딸이 둘 그래서 네 명의 자녀들이 있었습니다.

그러니 나는 식인종에 해당된다고 놀려 대었으니 기분이 좋을 리가 없었습니다.

그러나 그때에 나는 항상 더 크게 그리고 자신 있게 이렇게 말했습니다. 너희들은 국가의 정책을 따르지만 나는 하나님의 정책을 따른다고 오히려 큰소릴 쳤습니다.

지금은 나의 말이 오히려 맞는 것 같습니다. 자녀들이 잘 자라서 나름대로 하나님의 일들을 잘하고 교회도 잘 섬기고 있기 때문입니다.

반가운 소식

세월이 지나 내가 창원에서 전원 교회를 개척하여 섬기게 되었습니다.

어느 날 어떤 분이 나에게 전화를 하였는데 매우 귀에 익은 목소리였습니다.

그 분은 나에게 "혹시 김태빈 목사님이십니까?" 라고 물어왔습니다. 나는 "그렇다." 라고 대답을 하였습니다.

그 분은 "혹시 김OO 집사를 아십니까?" 라고 물어 왔습니다. 나는 즉시 "알고 말고요. 내가 30여 년 전에 섬에 있을 때에 공동묘지에 나와 함께 올라가서 묘지를 파신 집사님이신데 내가 모를 리가 있습니까? 지금 어디십니까?" 라고 물었습니다.

나는 너무나 반가워서 어디에서 무엇하고 있는가에 대해 궁금하여 물었습니다.

그 집사님은 내가 그 섬에서 생활하는 동안 바다에서 수영도 잘하시고 낚시도 잘 하신 분입니다.

나에게 멍게도 잡아서 날 먹으라고 잡아 주었던 분입니다. 그 때 당시에는 볼락도 많아서 낚시로 낚아 나에게 먹으라고 주기도 하였습니다.

그분은 총각 집사로 정말 충성스럽게 교회를 섬겨오신 집사님이었습니다. 더욱이 그때 당시 장례를 치를 때에도 가장 가까이에서 도움을 주었으며 한산도 섬에 노를 저어가신 분도 그 분이였으며 공동묘지에 혼자서 묘를 쓰기위해 땅을 파신 분도 그 분이였습니다.

언제나 내 곁에서 일을 할 때에 나에게 용기를 주신 분이기도 하였습니다.

얼마나 반가웠던지 지금 어디에서 무엇을 하시는지 궁금하여 물어보았습니다. 그리고 지금 어디계시며 우리 집 전화번호는 어떻게 아시고 전화를 하였는지 모두가 궁금하였기에 그냥 정신없이 궁금한 사항을 막 물었습니다.

그런데 집사님의 대답은 너무나 감격적이었습니다. 그 집사님의 대답은 지금 목사가 되어 섬지 방 교회를 섬길 뿐만 아니라 통영시에 소재한 모 섬 교회의 담임 목사가 되셨다고 하였습니다. 지금도 열심히 복음을 증거하고 섬 지역을 돌면서 사역하고 있다고 하였습니다.

그 소식을 들이니 너무나 반가웠고 아니 감사와 감격에 넘쳤습니다.

하나님의 섭리는 우리 인간이 감히 헤아릴 수도 없고 상상할 수도 없습니다. 나는 하나님의 놀라우신 그 오묘하신 섭리에 너무나 그리고 그저 깜짝 놀랄 뿐이었으며 하나님께서 하시는 일은 놀라운 신비로움 그 자체였습니다.

나는 그 목사님이 섬기는 교회를 빨리 가보고 싶었습니다. 그리고 그 목사님을 만나서 어떻게 지내고 계시는지 너무 궁금하였습니다.

그래서 그 교회를 찾아가서 목사님과 하루 밤을 새워가며 지난 이야기들을 나누고 싶어서 빠른 시간을 정하여 찾아가게 되었습니다.

마침 그 목사님은 나를 어느 곳 어느 부두에 오라고 하여 그곳에 도착하였더니 교회의 배를 가지고 나오셨는데 그 배의 이름이 방주 호였으며 목사님이 친히 그 배를 몰고 다니시는 선장이기도 하였습니다.

나는 그 배를 타고 목사님이 시무하는 섬 교회에가서 둘러보고 사모님도 만나 보았습니다. 그리고 그 방주 호를 타고 오후에는 바다에서 그 목사님과 함께 낚시로 고기를 잡았습니다.

그날따라 낚시도 잘 되어서 많은 고기를 잡았습니다.

그 이후 가끔 나의 아내와 함께 그 섬 교회에 다녀오기도 하였습니다.

내가 그 교회에 갈 때마다 목사님과 사모님이 아주 반갑게 맞아 주었습니다.

그 목사님이 오라고 하여 섬에 가면 목사님과 나의 아내와 함께 셋이서 배를 타고 바다에 나가면 목사님 이 배를 어느 곳에 정박시키고 그곳에서 낚시를 내리고 잡으라고 하면

틀림없이 많은 고기가 잡혀서 회를 먹기도 하고 집에 가지고 오기도 하였습니다.

이러한 이야기들을 우리 교회의 성도들에게 들려주 었더니 우리교회에서 제직회 때에 의논하여 제직 수련회를 그 교회에 가서 하자고 하였습니다.

그래서 우리교회 수련회를 그 교회에 가서 2박 3일 동안 그 섬 교회에서 수련회를 은혜롭게 가진 적이 있었는데 너무 즐거웠습니다.

그 목사님은 자신이 섬기는 한 교회만 섬기지를 아니하고 방주 호를 몰고 섬 교회 몇 개 처를 주일에 이곳저곳을 다니면서 예배를 인도하고 계셨습니다.

자신은 섬에서 태어났고 섬이 좋기에 섬 목회를 하는 것이 자신에게는 맞는 일이라고 하면서 열심히 목회에 최선을 다하여 충성하고 있었습니다.

안심하라

그 교회에서 제직 수련회 때에 증거한 말씀을 이 책에 올려 봅니다.

성경 말씀은 마태복음 14장22절에서 33절이며 제목은 안심하라는 말씀입니다.

주님께서 오병이어의 놀라운 기적을 행하신 이 후 제자들로 하여금 즉시 갈릴리 바다를 건 너 가라고 명령하시면서 재촉하셨다고 하셨습니다.

그러나 제자들은 그곳 오병이어의 기적의 현장이 너무 좋았습니다. 기적의 현장에서 오래도록 머무르고 싶었습니다.

그 이유는 수많은 사람들이 이적과 기적을 보고 주님을 왕으로 섬기려고 했기 때문입니다. 그러므로 제자들은 그곳에서 으 시대고 싶었고 주님 덕분에 대접받고 멋지게 살고 싶었습니다.

그리고 많은 사람들에게 존경과 환영을 받으면서 그저 주님의 이름으로 모든 것을 누리고 행복하게 광야이지만 그곳에서 오래 살고 싶었기 때문입니다.

그곳에는 명예가 있었습니다.

그곳에는 인정과 존경을 받는 곳이었습니다.

모든 것을 마음껏 누리고 살 수 있는 풍요로운 곳이었으며 성공 그 자체였습니다.

모든 사람들이 우러러 보고 부러워하였습니다.

그들은 그저 주님 덕분에 모든 것을 누리고 뽐내면서 살기만 하면 되었습니다.

그런대 주님께서는 그곳에서 머무르지 말고 그것도 그 곳에서 즉시 떠나라고 하였습니다.

조금 후 풍랑이 일어나는 무서운 밤 사경에 폭풍을 만날 것을 주님은 아시면서도 떠나라고 오히려 재촉하셨다고 하셨습니다.

폭풍이 일어날 것을 주님께서 모르시고 떠나라고 하셨다면 주님의 전지성은 심각한 타격과 엄청난 문제가 일어날 수밖에 없습니다.

모든 것들을 정확하게 알고 계시는 전지하신 주님께서 즉시 떠나라고 명령을 내리셨습니다.

그리하신 후에 주님께서도 그곳에서 사람들로부터 오는 영광을 받으시지 아니하시고 조용히 산에 홀로 올라가시어 기도하셨다고 하였습니다.

기도하시던 주님께서 밤 사경에 폭풍을 만나 어려운 지경에 처하였으며 위기에 처한 제자들에게 물 위로 걸어서 급히 찾아오시어 안심하라고 하셨습니다.

주님의 제자들 부름 받은 성도들에게 있어서 안일한 삶을 살아가는 것만이 복이 아닌 것 같습니다.

그저 행복하게 존경받으며 사는 것만이 진정한 복이요 성공이라고 할 수는 없는 것 같습니다.

주님께 부름 받은 자라고 한다면 주님께서 내리신 어떠한 명령에도 절대 복종하는 삶이어야 합니다. 비록 그 곳이 고난과 역경의 길이며 핍박과 환난의 길일지라도 묵묵히 걸어가야 합니다. 주님 오시는 그날까지 묵묵히 사명의 길을 걸어가는 것이 부름 받은 자들의 가야할 길입니다.

저 영원한 천국에서 영생의 복락을 누리며 주님께서 나를 위하여 예비해 놓으신 상급을 받기 까지 달려 갈 길을 최선을 다해 달려가고 믿음을 굳게 지키는 것이 부름 받은 자들의 가야할 길인 것입니다.

주님께서 오시는 그날에 주님과 더불어 모든 것을 마음껏 누리며 주님께 칭찬과 상급을 받으며 주님과 더불어 영생하면 그것이 진정한 성공인 것입니다.

힘들고 어려워도 두려움 없이 안심하고 맡겨진 사명 최선을 다해 감당해야 합니다. 멸시와 천대를 받는다고 하여도 낙심치 말고 주님 명령에 순종하며 살아가야 합니다.

우리 주님께 부름 받은 자들은 폭풍이 일어나는 곳에서도 두려움 없이 안심해야할 이유가 있습니다.

첫째, 전지하신 주님 나를 불러서 사명주신 주님께서 이

항해를 가라고 명령하셨기 때문입니다. 우리 주님께서 걸어 가신 그 길은 이 땅에서 영광받는 그런 길이 아니었습니다. 우리 주님께서 걸어가신 그 길은 좁디좁은 길이였으며 십자 가의 고난의 길이었습니다. 오직 아버지 하나님의 영광과 하 나님 아버지의 뜻을 이루어 드리며 사신 길이었습니다.

우리 주님께서는 주님을 따르는 자들을 향하여 좁은 길로 오라고 하셨으며 십자가를 짊어지고 주님을 따라오라고 하 셨습니다. 신앙의 선진들은 모두가 이 사명의 짐을 짊어지고 주님을 묵묵히 따라 갔습니다. 영광과 명예를 얻는 길보다는 고난의 길 십자가의 그 길을 선택하였습니다.

십자가를 짊어지고 가는 그 길은 고통의 길 죽음의 길이 며 조롱 받는 길이요 멸시와 천대가 따르는 희생의 길이었습 니다. 많은 사람들은 형통의 복을 받으려고 힘쓰고 그것이 진정한 복인 줄 알고 있습니다.

그들은 모든 것이 자신의 뜻대로 계획한 대로 되는 것이 형통인 줄 알고 형통 형통하고 있습니다.

구약에 나오는 요셉의 경우는 형들에게 미움을 받아 애 굽에 노예로 팔려갔으며 억울한 누명을 쓰고 감옥에 갇힌 적이 있었는데 하나님께서는 애굽에 노예로 팔려갔을 때에 그리고 옥중에 있는 요셉을 향하여 형통하였더라고 하셨습 니다.

요셉이 애굽에서 노예로 생활하고 억울한 누명을 쓰고 감옥에 갇힌 신세가 되어 앞이 캄캄하였는데 그것이 왜 형통이라고 하나님께서 말씀하십니까?

진정한 복인 형통이란 내 뜻대로가 아닌 하나님의 뜻이 이루어지고 하나님께서 정하여 놓으신 그 길을 믿음으로 걸어가는 삶을 형통이라고 합니다.

나를 통하여 하나님의 섭리하심이 이루어지고 나를 통하여 하나님의 뜻이 이루어지는 것입니다.

"예수께서 이르시되 나의 양식은 나를 보내신 이의 뜻을 행하며 그의 일을 온전히 이루는 이것이니라. (요4:34) 주님께서 이 땅에 계실 때에 주님의 양식은 따로 있는데 하나님의 뜻을 이루어 드리는 것이 주님의 양식이라고 하셨습니다.

사람들은 양식 아닌 것 명예, 성공, 출세를 하기 위해 힘쓰고 그것을 얻기 위해 수단과 방법을 가리지 않고 하나님의 뜻을 어기는 자들이 간혹 있습니다.

양식 아닌 것들을 많이 얻었다 하여 그것을 성공이라고 하고 그것을 많이 얻었다 하여 행복하다고들 주장하고 그것이 형통이라고들 주장 합니다.

주님께서 마지막 겟세마네동산의 기도 중에서 아버지여 내 뜻대로 마옵시고 아버지의 뜻대로 하옵소서.라고 땀이 핏방울이 되듯이 땅에 떨어지면서 눈물로 기도하셨던 일들을 우리는 너무나 잘 알고 있습니다.

주님께 부름 받은 자들이라고 하면 손해가 있더라도 멸시와 천대가 있더라도 주님의 명령에 순종하고 끝까지 사명의 길을 걸어갑시다.

명령하신 주님께서 책임져 주십니다.

안심하고 순종하고 주님만을 따릅시다.

주님 위해 죽는 자는 살고 살고자 하는 자는 죽는다고 주님께서 친히 말씀하셨습니다.

둘째, 주님께서는 제자들을 보낸 이 후에 산에서 기도하시고 계시기 때문입니다.

주님 말씀에 무조건 순종하고 떠난 제자들을 위하여 주님께서 피곤한 몸이시지만 그들을 위하여 홀로 산에 올라가시어 기도하셨습니다.

제자들이 풍랑 속에서 고난을 당할 때 주님께서는 홀로 그들을 위하여 기도하시고 계셨습니다.

"누가 정죄하리요 죽으실 뿐 아니라 다시 살아나신 이는 그리스도 예수시니 그는 하나님 우편에 계신 자요 우리를 위하여 간구하시는 자시니라. (롬8:34)" 하시면서 우리 주님은 지금도 하나님 보좌 우편에서 순종하고 사명의 길을 걸어가는 사명 자들과 성도들을 위하여 기도하시고 계신다고 하셨습니다.

사명을 감당하다가 어려움 당할 때에도 결코 포기하거나 낙심하지 말아야 합니다.

우리 주님께서 변함없으신 사랑으로 우리들을 위하여 기도하시고 계시기 때문입니다.

주님께서 날 위하여 기도하시고 계시는 이상 풍랑 때문에 두려울 것도 없으며 오히려 강하고 담대하게 복음을 전하며 안심하고 충성할 수 있는 것입니다.

셋째, 풍랑이 일어나는 바다에 주님께서 즉시 제자들을 찾아 오셨기 때문입니다.

때는 밤 사경이라고 하였는데 이는 가장 어두운 밤의 시각을 알리는 캄캄한 밤이었습니다.

즉 가장 어두운 밤이었으며 한치 앞도 내다볼 수 없는 칠흑 같은 밤 그것도 무서운 풍랑이 일어나는 그곳에 사랑하시는 우리 주님께서 찾아오셨습니다.

세차게 일어나는 풍랑 속으로 안간 힘을 쏟으며 이겨보려고 발버둥치고 있는 그곳에!

수단과 방법으로 살아온 인생의 경험을 총 동원하여 문제를 해결하여 보려고 발버둥치고 있는 그곳에!

곧 침몰 직전까지 가서 구원의 여망이 전혀 보이지 않아 실의에 빠져버린 그곳에!

죽음 직전에서 이젠 모든 것을 포기하려고 하는 그곳에

주님께서 찾아오셨습니다.

히 12:5-6 절에 우리가 주님을 외면하고 떠나도 주님은 우리를 버리시지도 떠나지도 않으시고 찾아오시고 도움주시는 사랑의 주님이시라고 하셨습니다.

"누가 우리를 그리스도의 사랑에서 끊으리요. 환난이나 곤 고나 핍박이나 적신이나 위험이나 칼이랴 기록된바 우리가 종일 주를 위하여 죽임을 당케 되며 도살한 양같이 여김을 받았나이다. 함과 같으니라. 그러나 이 모든 일에 우리를 사랑하시는 이로 말미암아 우리가 넉넉히 이기느니라."(롬 8:35)라고 하시면서 넉넉히 이기리라고 하셨습니다.

주님께서 함께하시는 이상 두려울 것 없습니다. 명령에 순종하고 나아가는 제자들을 사랑하시는 주님께서 그들을 외면하시지 않으시고 어려움 당 할 때에 즉시 찾아오시는 주님이십니다.

그 주님을 사랑하며 충성으로 섬기는 이 길 만이주님께 부름 받은 자들이 해야 할 일입니다.

특히 우리는 오직 찾아오시어 우리를 사랑하시는 주님이 계시기에 안심하고 전진해야 합니다.

넷째, 주님께서 안심하라고 명령하셨기 때문입니다. 캄 캄한 칠흑같이 어두움의 바다!

세차게 몰아치는 풍랑이 일어나는 바다!

주님 명령에 순종하고 나아가는 제자들에게 주님께서는 안심하라고 또 명령하셨습니다.

부름 받아 인생의 항해를 하는 우리들에게 주님께서는 오늘도 안심하라고 명령하십니다.

우리 주님을 믿고 따르는 성도들은 이 세상 근심걱정 나 홀로 짊어지고 가는 양 끊임없이 한숨과 염려 속에서 불안과 두려움 속에서 살아가고 있다면 신앙인으로서 바로 사는 것이 아닙니다.

안심하라고 명령하신 주님의 명령에 불순종 할뿐만아니라 불신의 죄가 됩니다.

벧전 5:7절 "너희의 모든 염려를 주께 맡기라 그리하면 권고하시리라." 고 하셨습니다.

이는 주님께서 너의 힘이 되시고 모든 문제를 해결해 주마라는 뜻이 내포되어 있습니다.

시37:5절 "너의 길을 여호와께 맡기라 저가 이루어 주시리라." 고 하셨습니다.

신앙인의 삶이란 인생의 가는 그의 모든 길도 주님께 맡기는 삶이어야 합니다.

잠 16:3절 "너의 행사를 여호와께 맡기라 그리하면 너의 경영하는 것이 이루리라." 고 하셨는데 이는 우리의 하는 모든 일들을 주님께 모두 맡겨야 합니다.

롬 8:28절 "모든 것이 합력하여 선을 이루시리라."고 하셨습니다.

현재는 힘들고 어려워도 지나고 나면 유익하게 되고 버릴 것이 없는 가장 좋은 것이 됩니다.

마 11:28 "수고하고 무거운 짐 진 자들아 다 내게로 오라 내가 너희를 쉬게 하리라" 라고 하시면서 무거운 짐 진 자들을 초청하시고 계십니다.

기독교는 주님 안에서 모든 무거운 짐을 주님께 맡기고 안심하는 종교입니다.

염려는 세상 것을 너무 의존하기 때문입니다.

사람을 믿고 자신의 지혜. 경험을 의지하는 행위이기도 하기에 이는 교만의 죄가 된다는 사실임을 알고 모든 것 주님께 맡기고 안심하고 충성합시다.

다섯째, 주님께서 물위로 오라고 하시기 때문입니다.

감당 할 수 없는 세찬 풍랑은 이 땅에 살아가는 동안 우리들에게도 몰아치는 경우가 많습니다.

이는 시험 가난 환란 실패 병마 역경 어려운 고통 등을 의미하고 있습니다.(약1:2)"내 형제들아 너희가 여러 가지 시험을 만나거든 온전히 기쁘게 여기라."고 야고보 사도는 오히려 시험 중에 있는 성도들을 향하여 온전히 기뻐하라고 하였습니다.

그 무섭게 일어나는 풍랑위로 주님께서 친히 걸어서 제자들을 찾아오셨습니다.

그리고 주님께서는 두려워서 떨고 있는 베드로를 향하여 그 무섭게 일어나는 풍랑을 주님만을 바라보고 밟아 보라고 명령하셨습니다.

베드로는 오직 주님만을 바라보고 그 풍랑을 밟고 주님께로 나아 갈수 있었습니다.

믿음으로 시험을 이길 수 있는 방법을 주님께서 친히 가르쳐 주셨습니다.

주님만 바라본다면 어떠한 시험도 폭풍 같은 위험도 이길 수가 있습니다.

시험 환란 어려움도 얼마든지 밟아버리고 주님께로 나아 갈 수가 있습니다.

말 4:3절에 "너희가 악인을 밟을 것이니 그들이 나의 정한 날에 너희 발바닥 밑에 재와 같으리라. 만군의 여호와의 말이니라." 고 하셨습니다.

빌 4:13절 "내게 능력 주시는 자 안에서 모든 것을할 수 있느니라." 고하셨습니다.

주님만 바라보는 자는 언제나 승리합니다.

여섯째, 주님께서 부르짖는 베드로를 즉시 손을 내 미시어 건저 주시기 때문입니다.

주님만을 바라보고 풍랑을 밟고 나아가던 베드로가 갑자기 또 강하게 일어나는 풍랑을 바라볼 때 그는 그 풍랑 속으로 빠져 들어가게 되었습니다.

성도들이 항상 시험을 바라보고 자신의 지혜로 수단과 방법 그리고 인생의 경험을 총동원하여 해결하여 보려고 하면 오히려 시험에 빠져들게 됩니다.

베드로는 주님을 찾으며 도움으로 호소하였습니다.

그때 주님께서는 베드로를 향하여 즉시 손을 내 미시어 그를 즉시 건지셨습니다.

왜 그렇게 하였느냐고 책망하시지도 아니하시고 즉시 손 내미시어 도움 주시는 사랑의 주님이십니다.

시 50:15절 "환란 때에 나를 부르라 내가 너를 건지리니 네가 나를 영화롭게 하리라."고 하나님께서 약속하여 주셨습니다.

약 1:5절에 "후히 주시고 꾸짖지 아니하시는 하나님께 구하라 그리하면 주시리라"고 하시면서 아무리 기도하고 구하여도 꾸짖지 아니하시는 주님이십니다.

부족하고 잘못하였지만 꾸짖지 아니하시는 사랑의 주 하

나님께 날마다 간구하여야 합니다.

주님께서는 책망하시지 않으시고 건저 주시는 사랑의 하나님이심을 굳게 믿고 구해야 합니다.

시 3:4 절에 "내가 나의 목소리로 여호와께 부르짖으니 그 성산에서 응답하시는 도다"라고 하시면서 나의 목소리로 진실 된 기도를 원하시고 남의 도움 구하지 말고 내목소리로 기도하라고 하셨습니다.

시 77:1절에는 "내가 내 음성으로 하나님께 부르짖으리니 하나님께서 내 음성으로 부르짖으면 내게 귀를 기울이 시리로다." 라고 하셨습니다.

남이 나를 대신하여 구하는 기도가 아닙니다.

순수하게 내가 나의 목소리로 있는 그대로 하나님께 구하기만 하면 응답하여 주시고 구원하여 주시는 사랑의 하나님이십니다.

그러므로 믿음이 약하고 허물이 있다 하더라도 구하기만 하면 응답 주시는 하나님이 계시기에 안심하고 맡겨 주신 사명을 감당하기만 하면 됩니다.

일곱째, 주님께서 곧 만물을 지배하시는 전지전능하신 하나님이시기 때문입니다.

(요1:1) "태초에 말씀이 계시니라 이 말씀이 하나님과 함께 계셨으니 이 말씀은 곧 하나님이시니라."이 말씀이 곧 우리 구주 주님이십니다.

우리가 믿는 주님께서는 우주 만물을 창조하신 전지전능하신 하나님이십니다.

(요14:9) "예수께서 가라사대 빌립아 내가 이렇게 오래 너희와 함께 있으되 네가 나를 알지 못하느냐 나를 본 자는 아버지를 보았거늘 어찌하여 아버지를 보이라 하느냐."고 하셨습니다.

주님께서 곧 하나님이시라고 하셨습니다.

만물을 지배하시고 다스리시는 주님께서 배에 오르시매 풍랑이 잔잔케 되었습니다.

조상 대대로 어부 출신으로서 그들의 경험과 지혜로 풍랑에서 살아나려고 발버둥을 쳐 보았으나 해결할 수 없었던 어려운 상황이었습니다.

그러나 주님께서 그 배에 오르시니 즉시 모든 문제가 해결이 되었습니다.

걱정도 두려움도 위험하였던 일들도 일순간에 평정을 찾게 되었습니다.

이젠 그들에게 주님만 계시면 되었습니다.

주님께서 동행하시니 아무런 걱정도 두려움도 모두다 사라져 버리고 말았습니다.

풍랑을 만나 고통을 당 하였던 제자들은 "어인 풍랑입니까?" 라고 주님께 묻지 않았습니다.

"왜 우리를 풍랑 속으로 몰아넣어서 고생을 시켰습니까?" 라고 묻지도 않았습니다.

사랑의 주님께서 오시니 주님께서 함께 계시니 주님 한분만으로 만족하였습니다.

그들에게는 만물을 다스리시는 주님이 계시니 주님 한분만으로 기쁘고 만족하고 즐거웠습니다.

주님과 함께라면 어떤 것보다도 만족하였습니다.

주님만이 나의 문제의 해결자이십니다.

주님의 품에 안기는 것이 최고의 행복이었습니다.

오병이어의 기적도 존경과 대접 받는 것보다도 명예보다도 성공보다도 주님이 좋았습니다.

주님만이 나의 영광이었습니다.

주님만을 믿고 그 명령에 순종하면서 안심하고 담대하게 맡겨주신 사명에 충성합시다.

나는 하나님의 은혜를 받을 만한 자격자도 아닌데에도 너무나도 많은 은혜 받은 자입니다.

그 은혜를 기억하면서 하나님의 나라확장을 위해더욱 충성해 보려고 합니다.

나는 이 말씀을 그 교회에서 증거 하였습니다.

교회에서 목사님과 함께 우리 성도들과 밤을 새우면서 대화를 나누었습니다.

참으로 유익하고 즐거운 시간들이었습니다.

우리교회의 일정을 모두 마치고 우리는 창원 전원교회로 돌아왔습니다.

나는 우리 교회 뿐만이 아니라 내가 아는 분들과 함께 가끔 그 교회를 방문하기도 합니다.

그럴 때마다 그 목사님의 배려로 많은 대접을 받고 왔다는 이야기를 듣기도합니다.

네 번째 교회설립

하나님의 은혜 가운데 네 번째로 설립한 교회가 창원전원교회입니다.

창원 전원교회에서 장로 장립식을 할 때에 섬 교회에서 사역했던 일들을 생각나게 하셨습니다. 사건이 있은지 어언 30여 년이 지난 일들이었습니다.

하나님께서 그때 그 일들이 기억나게 하시면서 나로 하여금 감격과 하나님의 놀라우신 그 사랑을 또 깨닫게 하셨습니다.

많은 목회자들은 개척을 하는 일에 심혈을 기울이면서 개척을 시작합니다. 그러나 어떤 목회자들은 충성스럽게 교회를 열심히 섬기지만 잘 되지 아니한다고 하여 개척교회를 포기 하시는 목회자들도 있습니다.

그러다보니 1년이 체 가기도 전에 포기하여 버리는 목회자도 제법 있다고 합니다.

요즘 교회를 개척할 때에 많은 목회자들이 세미나에 참석하기도 하면서 할 수만 있으면 좋은 프로그램을 도입하고 철저히 계획을 세웁니다.

여러 가지를 준비하면서 현시대에 맞도록 만반의 준비를

갖추고 시작합니다.

그들 나름대로 철저하게 준비하고 이리 저리 재어보고 될지 안 될지를 자문도 들어보고 장소도 잘 선택하여서 개척을 시작합니다.

어떻게 보면 그것이 가장 지혜롭고 현명한 판단이라고도 생각을 합니다.

개척이란 그렇게 쉬운 것이 아니기 때문입니다.

어떤 목회자는 철저히 실패에 실패를 거듭한 후에 장소 하나 잘 선택하여 마침 그곳이 아파트 단지가 들어선다든지 하면 갑자기 성장하여 스타가 되는 목회자가 있는 것을 보기도 합니다.

그리고 자신이 가장 목회에 성공한 자라고 말하기도 하면서 세미나의 유명한 강사로 초청을 받아 성공담을 오랜 시간을 할애하여 자신의 자랑만 늘여놓는 분들도 가끔 만나기도 합니다.

또한 전임자인 목회자가 최선을 다하여 교회를 성장 시켜놓았는데 정치 수완이 좋아서 그 교회에 부임하고 나면 자신이 그 교회를 성장 시킨 양 유명한 강사가 되신 분들도 없지 않아 있습니다. 그리고는 자신이 목회에 성공자라고 강의를 하시는 분들도 있습니다.

목회에는 성공이란 말을 쓰면 안 될 줄 압니다.

성도가 많이 모인 것이 성공이라면 주님의 제자들은 하나

같이 모두가 실패자입니다.

그들은 하나같이 성공을 못한 분들이기도 합니다. 사도 바울은 교회를 세운 후에는 또 다른 곳으로 계속 옮기면서 또 교회를 세웠습니다.

그 분은 철저히 실패하신 분같이 보여 집니다.

목회의 성공과 실패의 판단은 주님께서 하시는 것이지 결코 사람들이 결정하는 것은 아닙니다.

주님께서는 언제나 작은 일에 충성하는 자를 칭찬하셨습니다.

세미나의 주 강사들은 그들 나름대로 좋은 환경 속에서 아니면 아파트 단지가 들어오므로 갑자기 교회가 성장하여 스타가 되어 강의를 합니다.

그들 나름대로 교회가 성장하였다고 하나 대체로 그 교회의 구성원들을 보면 농어촌 교회에서 목회자 들이 눈물로 기도하며 신앙 성장 시켜놓은 분들이 직장 따라 도회지에 나와서 교회를 찾아 나와 교회를 섬기시는 분들이 많습니다.

교회가 성장하였다면 그런 성도들을 눈물로 길러낸 농어촌 교회의 목회자들에게 감사해야 합니다.

또한 농어촌 교회들을 돌보아 주어야 합니다.

힘 다해 길러 놓은 성도들이 하나하나 도회지로 나아갈 때의 그 목회자들의 심정이 어떠하겠으며 눈물로 그분들을 떠나보내고 있는 농어촌 교회의 목회자들을 조금이나마 생각이나 해 보았으면 합니다.

우리나라 교회의 형태는 대체로 교인들의 수평 이동이기에 교회가 성장하였다고 하면 주위의 교회가 몇 교회는 어렵게 되었다고 생각하여야 합니다.

교회 개혁

　요즘에는 교회 개혁을 한답시고 개혁 운동이 일어나야 된다고들 이구동성으로 말들을 합니다.
　정말 바람직한 일이며 교회와 목회자들이 동참할 때이기에 목회자뿐만 아니라 교인들도 교회 개혁에 앞장서야 한다고 생각 합니다.
　그러나 개혁이란 옛 신앙을 회복하고 옛 신앙관을 찾는 운동이 교회 개혁운동입니다.
　16세기경에 종교 개혁운동을 할 때에 신앙 표어가 있었는데 "오직"이었습니다.
　"오직 은혜" "오직 그리스도" "오직 신앙" "오직 하나님께 영광" "오직 성경"이었습니다.
　개혁의 뜻은 세 가지로 요약 할 수 있습니다.

1. 창세기 1장 1절로 돌아가는 것입니다.
2. 하나님의 말씀으로 돌아가는 것입니다.
3. 초대 기독교회로 돌아가는 것입니다.

　그 이후 청교도들의 신앙관을 살펴보면!

1) 하나님의 절대 주권을 믿었습니다.

2) 성경의 완전 영감설을 굳게 믿었습니다.

3) 하나님의 예정 교리를 고수 하였습니다.(엡 1:3-6)

4) 구원은 오직 하나님의 은혜로 얻는 것이지 사람의 노력과 공로로 얻는 것이 아님을 믿었습니다.

5) 하나님의 나라는 예수 그리스도의 재림으로 완성됨을 믿었습니다.

오늘날의 개혁운동이라고 하는 것은 아예 성경과는 거리가 먼 것 같습니다. 그저 열심히 현 세대를 따라가는 것이 무슨 개혁운동을 하는 것처럼 주장을 합니다.

더욱이 지나치게 교회가 세상 따라 가느라 정신을 차리지 못하는 듯합니다. 교회가 사회에 앞서가는 일을 해야 하는데 교회가 세상을 따라가고 있습니다.

어느 교회의 예식에 순서를 맡았기에 갔더니만 찬양을 한답시고 하는데 강당의 조명이 너무 현란하고 말씀이 증거 되어야 할 강당에는 남여 청년들이 짧은 치마를 입고 TV에서 나오는 연예계에서나 하는 행동들을 하고 있어서 눈살을 찌푸리게 했습니다.

스피커를 통하여 나오는 음악은 참석한 성도들의 마음을 혼란스럽게 하였습니다.

참석하고 있자니 귀가 멍멍하고 정신을 혼미하게 하여 너무나 혼란스러웠습니다. 그곳에 앉아 있긴 하였으나 내가 왜 여기에 앉아 있는지 조차 몰랐습니다.

한번은 친구 목사가 하도 성령의 역사를 체험해야 된다고 하면서 성령님이 강하게 역사 하시는 곳으로 인도할 터이니 몇 번이고 가자고 하여 권유에 못 이겨 따라간 적이 있습니다.

과연 그 곳에는 말로만 듣던 유명한 목사님의 집회에 그 유명한 목사님이 시무하는 교회의 수련관에서 나는 회비 까지 내서 참석한 적이 있었습니다.

첫날 저녁부터 복음송을 하는데 출입문을 꽉 닫아둔 채로 찬양이 시작되었습니다.

조명은 강당에만 있고 은혜 받겠다고 앉아있는 우리가 앉아 있는 곳은 어두웠습니다.

강당에는 현란한 옷차림으로 인도하는 분들과 아예 굉음이라고 하면 맞을 것 같은 귀 고막이 터질 것만같은 음향으로 복음송을 하였습니다.

그게 복음송인지 아니면 목이 터져 라고 외쳐 대는 아우성인지 도무지 분간키 어려웠습니다.

조금 있자니 통성기도를 하자고 하는데 '주여 삼창'을 하는데 모두가 익숙하여 고함을 지르고 음향으로 고막이 터지리만큼 음악이 나오고 앞에서 인도하는 자는 방언이라고 하는데? 무엇이 무엇인지 헷갈리어 정신이 몽롱한 적이 있었습니다.

사도 바울은 방언에 대하여 교훈하시길.

"만일 누가 방언으로 말하거든 두 사람이나 다불과 세 사람이 차서를 따라 하고 한 사람이 통역할 것이요 만일 통역하는 자가 없거든 교회에서는 잠잠하고 자기와 및 하나님께 말할 것이요."(고전14:27-28)라고 하였습니다.

나는 한 시간을 견디지 못하고 뛰어 나왔는데 나와 함께 뛰어나오는 목회자들도 몇 명이 있어서 그날 밤을 자고 새벽 예배 마친 후에 즉시 교회로 돌아온 적이 있었습니다.

저희 교회 직분자들이 한번은 모 유명한 단체에서 주관하는 금식 집회에 몇 분이 참석하였습니다.

마침 나는 심방이 약속이 있어서 저녁때에 모 성도의 가정에 심방을 갔습니다.

금식 집회 참석하신 몇 분들이 그곳에 와 있었습니다. 그 분들은 아예 한 정신이 나간 듯이 주저앉아 멍해 있었습니다.

나는 왜 금식집회에 아침부터 참석하신 분들이 이곳에 오셨느냐고 물었습니다.

그리고 성령 충만을 받았느냐고 물었습니다.

그 분들은 정신이 나가버렸는지 눈동자가 흐릿하며 대답도 않고 멍하니 앉자 있었습니다.

심방 예배를 그들과 함께 마친 후에 왜 그러냐고 이유를 물어 보았더니 아침부터 금식을 하면서 많은 분들이 참석하였는데 일어나서 찬양을 하자하여 일어서서 두 손을 높이 들고 있는 힘 다해 외쳤답니다.

일어났다가는 다시 앉고 두 손을 들고 다시 목이터 저라 주여 삼창을 외치고 통성기도하고 찬양하고 앉았다가는 또 일어나고 이렇게 수없이 하였답니다.

그러는 중에 뭐가 되는 것 같더라는 것입니다.

그래서 더욱 소리 지르며 춤도 추고 복음 송을 하는데 아예 정신이 혼미할 뿐 아니라 아침부터 저녁때 까지 하고 나니 이지경이 되었다고 하였습니다.

그런 곳에 익숙하신 분들은 정말이지 무어라 표현 하기가 거북하리만큼 세상적인 말로 무슨 콘서트를 할 때에 젊은이들이 아우성을 치면서 하는 그 모습을 연상케 되더라는 것입니다.

그리고는 통성으로 기도를 할 때에는 반드시 주여 삼창을 목이 터져라 외치게 하더랍니다.

언제 부터인지 통성으로 기도할 때에 주여 삼창이 이젠 공식화가 되어 버렸습니다.

한번은 유명한 부흥 강사 목사님께 왜 주여 삼창을 하느냐고 물어 본적이 있었습니다.

그랬더니 주여 삼창은 성경에 있다고 하였습니다.

어디에 있느냐고 물었더니 다니엘서에 있다고 하였습니

다. 그 성경을 인용한다고 하니 그 말씀을 한 번 보시고 판단하시면 좋겠습니다.

(단9:18-19) "나의 하나님이여 귀를 기울여 들으시며 눈을 떠서 우리의 황폐된 상황과 주의 이름으로 일컫는 성을 보옵소서. 우리가 주의 앞에 간구 하옵는 것은 우리의 의를 의지하여하는 것이 아니요 주의 큰 긍휼을 의지하여 함이오니 주여 들으소서. 주여 용서하소서. 주여 들으시고 행하소서. 지체치 마옵소서. 나의 하나님이여 주 자신을 위하여 하시옵소서. 이는 주의 성과 주의 백성이 주의 이름으로 일 컫는 바 됨이니이다." 라는 말씀이라고 하니 이 말씀을 보시는 분들께서 생각해 보시기 바랍니다.

이것은 다니엘의 기도인데 그의 기도와 주여 삼창과는 거리가 멀다는 것을 알았으면 합니다.
더욱이 아침부터 갖는 금식기도회는 저녁까지 이어졌으며 그 자리에는 마치 인기 가수가 오면 소리소리 지르는 모습 그대로였다고 합니다.
그 젊은 청년들의 부르짖는 일과 현란한 율동과 복음 송과 부르짖는 기도는 아무리 따라가려고 해도 도저히 따라갈 수 없었더라는 것입니다.
지금 이 상태로는 집으로 찾아가기조차 힘들다는 그들의

이야기였습니다.

그렇게 하는 것이 과연 성경적인 것인지 비판하기 전에 말씀을 비추어 보는 것이 좋겠습니다.

그리고 그것이 성경적인 것이 아니라면 하지 말아야 하는 것이 바른 신앙인의 자세가 아닐까 합니다.

엘리야와 바알 선지자들

성경에 보면 엘리야시대 바알과 아세라를 섬기는 선지자들이 하루 종일 춤추며 자신들이 섬기는 신들에게 응답해달라고 외친 기록이 있었습니다.

"저희가 그 받은 송아지를 취하여 잡고 아침부터 낮까지 바알의 이름을 불러 가로되 바알이여 우리에게 응답하소서. 하나 아무 소리도 없으므로 저희가 그 쌓은 단 주위에서 뛰놀더라. 오정에 이르러는 엘리야가 저희를 조롱하여 가로되 큰소리로 부르라 저는 신인즉 묵상하고 있는지 혹 잠간 나갔는지 혹 길을 행하는지 혹 잠이 들어서 깨워야 할 것인지 하매 이에 저희가 큰 소리로 부르고 그 규례를 따라 피가 흐르기까지 칼과 창으로 그 몸을 상하게 하더라. 이같이 하여 오정이 지났으나 저희가 오히려 진언을 하여 저녁 소제 드릴 때까지 이를지라도 아무 소리도 없고 아무 응답하는 자도 없고 아무 돌아보는 자도 없더라." (왕상18:26-29)고 하였습니다.

그들의 울부짖음은 하루 종일이 걸렸으며 춤을 추며 칼

과 창으로 그들의 몸을 상하게 하여 피를 흘리기도 하였으나 아무런 소용이 없었으며 그들의 신들은 응답하지도 않았던 것입니다.

엘리야가 저희를 조롱하여 가로되 큰소리로 부르라 저는 신인즉 묵상하고 있는지 혹 잠간 나갔는지 혹 길을 행하는지 혹 잠이 들어서 깨워야 할 것인지 라고 조롱하였다고 하였습니다. 그리고 하나님의 선지자인 엘리야의 기도는 하나님께서 즉시 불로 응답하여 주셨습니다.

"저녁 소제 드릴 때에 이르러 선지자 엘리야가 나아가서 말하되 아브라함과 이삭과 이스라엘의 하나님 여호와여 주께서 이스라엘 중에서 하나님이 되심과 내가 주의 종이 됨과 내가 주의 말씀대로 이 모든 일을 행하는 것을 오늘날 알게 하옵소서 여호와여 내게 응답하옵소서. 내게 응답하옵소서. 이 백성으로 주 여호와는 하나님이신 것과 주는 저희의 마음으로 돌이키게 하시는 것을 알게 하옵소서. 하매 이에 여호와의 불이 내려서 번제물과 나무와 돌과 흙을 태우고 또 도랑의 물을 핥은지라."(왕상18:36-38) 라고 하여 하나님의 응답이 있었던 사실이 있습니다.

하나님께서는 엘리야의 기도를 즉시 불로 응답하여 주시므로 참 신이 하나님이심을 나타내 보이시므로 우상을 섬기는 이스라엘 백성들을 하나님께로 돌아오게 하였던 사건을 우리는 잘 알고 있습니다.

또한 그가 호렙 산에서의 하나님의 임재하심과 응답하심을 체험케 된 적이 있습니다.

"여호와께서 가라사대 너는 나가서 여호와의 앞에서 산에 섰으라. 하시더니 여호와께서 지나가시는데 여호와의 앞에 크고 강한 바람이 산을 가르고 바위를 부수나 바람 가운데 여호와께서 계시지 아니하며 바람 후에 지진이 있으나 지진 가운데도 여호와께서 계시지 아니하며 또 지진 후에 불이 있으나 불 가운데도 여호와께서 계시지 아니 하더니 불후에 세미한 소리가 있는지라."(왕상19:11-12)라고 하셨습니다.

이 말씀은 하나님의 임재하심이 어떠하심을 잘 말씀하여 주신 교훈입니다.

여호와께서 세미한 음성을 들려주실 때에 그가 비록 여호와 앞의 산에 서라고 하여 섰는데 여호와 하나님의 임재하심을 또렷이 보여 주신 사건입니다.

여호와께서는 강한 바람 바위를 가르는 바람 가운데에도 계시지 아니하셨습니다. 지진 가운데에도 계시지 아니하셨습니다.

불 가운데에도 여호와께서 계시지 아니하셨습니다.

이 모든 것들이 다 지나간 후에 여호와의 세미한 소리가 있었다고 하셨습니다.

주님께서도 기도에 대하여 이렇게 교훈하셨습니다.

"또 너희가 기도할 때에 외식하는 자와 같이 되지 말라 저희는 사람에게 보이려고 회당과 큰거리 어귀에 서서 기도하기를 좋아하느니라. 내가 진실로 너희에게 이르노니 저희는 자기상을 이미 받았느니라. 너는 기도할 때에 네 골방에 들어가 문을 닫고 은밀한 중에 계신 네 아버지께 기도하라 은밀한 중에 보시는 네 아버지께서 갚으시리라 또 기도할 때에 이방인과 같이 중언부언하지 말라 저희는 말을 많이 하여야 들으실 줄 생각 하느니라 그러므로 저희를 본받지 말라 구하기 전에 너희에게 있어야 할 것을 하나님 너희 아버지께 아시느니라."(마6:5-8)고 하셨습니다.

기도할 때에는 바리새인처럼 외식하는 자가 되지 말라고 하셨습니다.

바리새인들처럼 외식 하는 자들의 특징이 있는데 사람들에게 보이려고 회당과 큰 거리 어귀에 서서 기도하기를 좋아한다고 하였습니다.

나아가서 그들은 중언부언 하면서 말을 많이 하여야 하나님께서 들으실 줄 생각 하고 자기가 외친 말까지 무엇을 어떻게 구하였는지 조차 알지 못하면서도 그저 오랜 시간을 중언부언하더라도 시간을 끌면 그 공로로 응답이 되는 줄로 착각하기도 합니다.

그러나 우리 주님께서는 기도할 때에 조심해야할 것과 기도의 방법에 대하여 말씀하여 주셨는데 너는 기도할 때에 네 골방에 들어가 문을 닫고 은밀한 중에 계신 네 아버지께 기도하라 은밀한 중에 보시는 네 아버지께서 갚으시리라. 고 하셨습니다.

또한 금식할 때의 교훈도 말씀해 주셨습니다.

"금식할 때에 너희는 외식하는 자들과 같이 슬픈 기색을 내지 말라 저희는 금식하는 것을 사람에게 보이려고 얼굴을 흉하게 하느니라. 내가 진실로 너희에게 이르노니 저희는 자기 상을 이미 받았느니라. 너는 금식할 때에 머리에 기름을 바르고 얼굴을 씻으라. 이는 금식하는 자로 사람에게 보이지 않고 오직 은밀한 중에 계신 네 아버지께 보이게 하려 함이라 은밀한 중에 보시는 네 아버지께서 갚으시리라."(마 6:16-18) 고 하셨습니다.

오늘날 금식기도 한 것이 모 유력한 인사들은 유명한 이력서가 되어 나는 40일 금식기도 몇 번하였다고 하면서 금식 기도 한 것을 자랑하니 그들은 아마도 주님의 말씀과는 거리가 먼 것 같습니다.

"이는 다 이방인들이 구하는 것이라 너희 천부께서 이 모든 것이 너희에게 있어야 할 줄을 아시느니라. 너희는 먼저 그의 나라와 그의 의를 구하라 그리하면 이 모든 것을 너희에게 더하시리라."(마6:32-33)

성도는 먼저 주님의 통치를 받는 것이 우선이 되어야 하고 그것이 하나님의 나라를 구하는 것입니다.

성도가 구하기 전에 사랑의 하나님께서는 우리에게 있어야 할 것이 무엇인지 하나님 우리 아버지께서 먼저 아신다고 하시면서 너희는 먼저 그의 나라와 그의 의를 구하라고 하셨습니다.

다윗은 하나님께 기도 많이 하셨던 위대한 성군이며 기도의 사람이기도 합니다.

"여호와여 주는 나의 방패시요 나의 영광이시요 나의 머리를 드시는 자니이다 내가 나의 목소리로 여호와께 부르짖으니 그 성산에서 응답 하시는 도다."(시3:3-4) 라고 신앙고백을 하였습니다.

다윗은 누구에게 기도를 부탁하지도 아니하였으며 자신의 목소리로 하나님께 구하였다고 하였습니다.

그랬더니 하나님께서 그 성산에서 들으시고 응답하셨다고 하였습니다.

"여호와께서 내 음성과 내 간구를 들으시므로 내가 저를 사랑하는 도다. 그 귀를 내게 기울이셨으므로 내가 평생에 기도하리로다."(시116:1-2) 라고 하면서 그는 평생을 기도하는 기도의 사람이었습니다.

그는 그의 기도를 들으시는 하나님을 사랑하면서 항상 자신의 음성으로 기도하길 힘썼으며 평생토록 기도하며 응답받은 사람이었습니다.

중보자는 오직 우리 주님 한 분 뿐이십니다.

"하나님은 한 분이시요 또 하나님과 사람 사이에 중보도 한 분이시니 곧 사람이신 그리스도 예수라." (딤전2:5)고 하셨으므로 하나님과 사람 사이의 중보자는 오직 주님밖에 없습니다.

중보라는 말을 함부로 써서도 안 됩니다. 또한 중보자가 되려면 성경에서 지적한대로 자격을 갖추어야 합니다.

"이를 인하여 그는 새 언약의 중보니 이는 첫 언약 때에 범한 죄를 속하려고 죽으사 부르심을 입은 자로 하여금 영원한 기업의 약속을 얻게 하려 하심이니라."(히9:15)고 하셨습니다.

"중보는 한편만 위한 자가 아니니 오직 하나님은 하나이시니라."(갈3:20)라고 하셨습니다.

중보자 되신 우리 주님은 우리의 죄를 위하여 십자가상에서 죽으셨으며 지금도 하나님 우편에서 우리를 위하여 기도하시고 계십니다.

중보자 되신 우리 주님은 인격적인 신이시며 우리들의 아픔과 괴로움도 알고 계시며 우리들의 간구를 듣고 계시는 살아계시며 항상 내곁에 계신 분이십니다.

나의 작은 신음 소리도 듣고 계시며 나를 위로하시고 어루만져 주시는 분이십니다. 소리 지른다고 듣는 분이시라면 내가 병들었을 때에 참으로 답답한 일이 아닐 수 없습니다. 불편한 몸으로 춤도 못 출 것이고 주여 삼창도 못할 것이며 소리 내어 기도도 못 할 것입니다.

정말 답답하고 고통스러운 순간들일 것입니다.

꿈에 그리던 전원교회

나는 4번의 교회 설립을 하였으나 그 많은 세미나에 한 번도 참석해 본 적이 없습니다.

오직 하나님의 전적인 은혜가운데에서 교회가 세워져 갔으며 꿈에 그리던 전원교회도 전적인 하나님의 은혜로 세워져 가고 있습니다.

꿈에 그리던 창원전원교회! 나는 미력하지만 하나님의 강권적인 사랑과 은혜로 창원시 성산구 안민동에 창원 전원교회가 세워지게 되었습니다. 이곳에 하나님의 은혜로 교회를 설립하게 된 것은 어느덧 4 번째가 되었습니다.

창원 전원교회를 개척한지 2년 만에 하나님의 크신 은혜로 안민동 산자락에 4.000여 평의 과수원을 매입하여 전원교회를 시작하게 되었습니다.

전원교회를 시작할 때에는 정부에서 주오일 근무제가 시작 실시될 때였습니다. 그러므로 모든 교회들이 전원 교회를 갈망하고 있는 시기이기도 했습니다.

때문에 나는 모험적으로 하나님만 바라보면서 먼저 시작하려고 이일을 하게 되었습니다.

아무리 모험적으로 한다고 하여도 많은 성도가 있어야 되는데 우리 교회는 그렇지 못하였으며 재정적으로도 그리 넉넉하지 못한 상태였습니다.

이런 조건 속에서 꿈에 그리던 전원교회를 한다는 것은 만용이기도 하였습니다.

무식이 용감하다고나 할까 정말 겁 없이 이일을 하게 되었습니다.

지나놓고 보니 전원교회를 한다는 것은 여러 조건을 갖추어야 한다는 것을 알게 되었습니다.

첫째는 반드시 넓은 부지가 있어야 합니다.

둘째는 아름다운 자연 환경이 구비되어 있어야 만이 전원교회를 세울 수 있습니다.

세 번째는 도심지에서는 그리 멀리 떨어지지 말아야 된다는 것입니다.

네 번째는 아무리 아름다운 장소라 한다고 하여도 그곳까지 반드시 도로가 나 있어야 합니다.

이러한 조건을 갖춘 부지를 매입한다는 것은 그리쉬운 일 아니었습니다.

더욱이 그만한 장소를 찾았다고 하여도 많은 자금이 필요한 것입니다. 나는 아직 그만한 자금을 확보하지 못한 상태였습니다. 아니 아직 저축조차 하지 못한 상태이기에 꿈 같은 상상이었습니다.

나아가서 마음에 드는 그러한 부지를 찾는 다는 것도 보통 어려운 일이 아니었습니다.

그런데 마침 우리 교회에서 특별새벽 기도회를 시작하고 있었습니다.

이곳 창원전원 교회에 올라오기 전에 우리 교회 이름은 대방동에 있었기에 대방교회였습니다.

오직 교회의 성장을 위하여 모든 성도들과 함께 기도에 힘쓰고 있었습니다.

그러기에 나는 감히 전원 교회 이야기도 꺼내지 못하고 나 혼자서 기도하였습니다.

그렇다고 성도들에게 내 꿈이 전원교회를 시작하고 싶다고 말할 수도 없는 때입니다.

더욱이 부지 매입을 위하여 기도합시다. 라고 할수도 없었습니다. 만약 그렇게 말한다면 성도들도 부담을 가지게 될 것이기에 할 수 없었습니다.

이 일을 공포한다고 하면 특별 새벽기도회가 자칫하면 시험이 들 가능성이 있었으므로 광고도 할 수 없었으며 입 밖으로 말도 할 수 없었습니다.

그 이유는 이제 막 교회 개척한 지 1년 6개월 밖에되지 아니하였기 때문에 교회 성장을 모두가 염려하며 열심히 기도하던 때였습니다.

그러나 나는 나의 아내와 함께 하나님께 간절히 그리고 은밀히 기도하게 되었습니다.

나는 언제나 무엇을 할 때마다 믿음의 조상 아브라함의 신앙관을 믿고 고백합니다.

"기록된바 내가 너를 많은 민족의 조상으로 세웠다 하심과 같으니 그의 믿은바 하나님은 죽은 자를 살리시며 없는 것을 있는 것 같이 부르시는 이시니라 아브라함이 바랄 수 없는 중에 바라고 믿었으니 이는 네 후손이 이 같으리라. 하신 말씀대로 많은 민족의 조상이 되게 하려 하심을 인함이라."(롬4:17-18)

이는 믿음의 조상 아브라함의 신앙관입니다. 그는 하나님을 믿되 죽은 자도 살리시는 하나님! 없는 것도 있게 하시는 하나님! 절망 가운데 빠진 자에게 소망을 주시는 하나님! 이런 하나님을 아브라함이 믿었다고 하였습니다.

나 역시 미력하지만 아브라함이 가지고 있는 믿음을 흉내내면서 하나님께 기도하게 되었습니다.

사랑의 하나님께서는 나의 기도를 들어주셨습니다. 하나님께서 전적으로 나에게 넘치는 은혜를 베풀어주시어 현재의 부지를 매입하게 되었습니다.

그 부지 위에 우리는 창원전원교회를 시작하게 되었으며 오늘에 이르게 되었습니다.

전원이란 "Rural"시골의 풍경, 단순, 소박함, 평화로움 등을 의미하기도 합니다.

나와 우리 성도들이 갈망하면서 세워가고자 하는 교회는 아름다운 숲 속에서 자연과 더불어 마음껏 하나님을 섬기고 신앙생활을 할 수 있는 그런 교회를 건설하고 싶었습니다.

성도들은 도심지를 잠시나마 벗어나서 자연 속에서 예배를 드리고 싶어 합니다. 많은 성도들이 꽃과 나무, 각종 새들과 함께 예배를 드리고 하나님께서 주시는 복을 나눌 수 있다는 것이 얼마나 기쁜 일인지 모르겠습니다.

나와 우리성도들이 창원전원교회를 개척할 때에 처음 세운 교회의 영구적인 표어가 있습니다.

"여호와를 인하여 즐거워하는 교회"라는 것입니다.

"나는 여호와를 인하여 즐거워하며 나의구원의 하나님을 인하여 기뻐하리로다."(합3:18) 라는 이 고백은 하박국 선지자의 신앙고백이기도 합니다. 이러한 표어를 걸고 지금까지 성도들과 함께 즐겁게 하나님을 섬기고 있습니다.

창원전원 교회를 가꾸면서 여러 가지 하나님의 도우심을 체험했던 일들이 많았습니다. 저희 창원 전원 교회가 세워지면서 넓은 부지에 벚꽃나무를 200 여 그루를 심었는데 어떤 분이 무상으로 200 여 그루를 선물로 주셨습니다.

군북에서 저희 교인들이 그 분이 모종으로 심어놓은 3 년생 벚꽃 나무를 캐러갔습니다.

나무를 심기 위하여서는 나무를 켈 때엔 여러 가지의 지식이 있어야 하는데 우리에겐 아무런 지식도 없었으며 그저 케다가 심으면 되는 줄 알았습니다.

적어도 나무를 이식하려고하면 나무뿌리에 흙을 많이 부쳐서 흙이 떨어지지 않게 해야 산다고 합니다. 그런데 우리들은 뿌리에 흙을 조금도 부치지 지도 아니 하고 나무를 많이 켔습니다. 그리고 나무 길이를 2미터 정도의 길이로 모두 잘라서 차에 실고 왔습니다. 그러니 그 나무는 마치 무슨 목재로 사용하려는 듯한 나무같이 보였습니다.

그리고 그 나무를 하루 동안 교회로 옮겨온 후에 바로 심지 못하고 가마니로 덮어 두었습니다. 그 이유는 그 때 당시 나무를 선물로 주신 분이 다른 나무도 가져가라고 했습니다.

그래서 산에 있는 다른 나를 찾게 되었습니다. 성도들이 벚꽃 나무를 파는 중 나는 다른 좋은 나무 심어 놓은 곳을 찾아다녔습니다.

그 산에는 예쁘고 자그마한 소나무가 있었는데 (이름을 잘 모르는 소나무) 그 나무를 골라서 케기 위해 이리 저리 숲 속을 헤치며 집사님과 함께 다녔습니다.

이런 저런 나무를 살피면서 다니는 중이였는데 다리에 가시나무에 깊이 찔린 듯한 통증을 느끼는 순간 눈이 잘 보이질 않았습니다. 수돗물로 아무리 눈을 씻고 비벼도 눈에 무엇이 들어간 것 같이 앞이 희미하게 보였습니다.

그래도 참아가면서 성도들과 함께 벚꽃 나무를 케고 그 소나무도 켰습니다.

그리고 여러 차에 싣고 교회에 돌아 올 때에는 어느덧 어두운 밤이 되었습니다. 교회에 도착을 하니 여 성도들이 정성껏 저녁 식사를 맛있게 준비하여 차려놓았습니다.

성도들과 함께 식사를 할 때에도 눈은 껄끄럽기도 하면서 희미하게 앞이 잘 보이질 않았습니다. 통증은 처음보다는 조금은 가라앉은 듯하였으나 별로 기분이 좋질 않았습니다.

식사 하는 중에도 그곳에 진통이 계속 있었기에 집사님에게 이야길 하였습니다. 집사님이 그곳을 보자고 하기에 아픈 곳을 보여 주었습니다.

그랬더니 놀랍게도 통증이 있는 그 자리는 독사가 다리를 물었다고 했습니다. 독사에게 물린 그 자리에는 독사의 이빨 자국이 선명히 나 있었으며 그 자리에는 피가 조금 묻어 있었는데 독사에게 물렸다고 하니 섬직 하였습니다. 집사님들이 병원에 가자고 하였습니다.나는 내일 간다고 한 후에 그 날 밤은 피곤하기도 하여 자고 나니 괜찮은 것 같았습니다.

하나님의 은혜로 병원에 가지도 아니하고 통증이 가라앉아 다 나은 것 같았습니다.

그래도 그 이튿날은 아무래도 몸도 기분도 썩 좋지 아니하였으므로 그 다음 날에 포크레인을 불러서 나무를 심게 되었습니다.

나무를 심을 때에 포크레인이 땅을 조금 파면 그곳에 나무를 세우고 다시 포크레인이 흙을 덮고 하여 200 여 그루를 하루 만에 다 심었습니다.

벚꽃나무는 내가 심고자 하는 그 곳에 모두 다 심게 되었으며 성도들이 내가 원하는 자리에 나무를 옮겨 놓으면 내가 포크레인 기사에게 지정하고 나는 나무를 그곳에 세우면 흙을 덮고 그렇게 모두 심었는데 지금은 너무 가까이에 많이 심겨져있습니다.

나무를 다 심고 난 후에 보니 나는 독사에게 물린 진통도 다 사라져 버리고 말았습니다. 병원에 갈 필요도 없이 다 나았으며 일 년이 지나도록 그 독사의 입 발자국은 남아 있었으나 아무렇지 않아서 치료를 받지도 않았고 받을 필요조차 없이 깨끗이 낳았습니다.

그리고 나무를 모두 다 심고 난후에 나와 우리성도들은 얼마나 기뻐하였는지 모릅니다.

그날 밤부터 3 일 동안 비가 계속 오더니만 심은 모든 나무가 다 살았습니다.

많은 사람들이 우리들이 심는 나무를 그렇게 심으면 다 죽는다고 하였습니다.

포크레인 기사도 세상에 그렇게 심는 나무가 사느냐고 어이가 없다고 하였습니다.

자기는 나무를 많이 심어 보았지만 이렇게 심는 것은 생전 처음이라고 하였습니다.

그렇게 하여 심은 나무가 5년이 지나자 울창한 숲을 이루게 되었습니다.

이젠 봄이 되면 벚꽃이 만발하여 아름다움을 더욱 실감 나게 합니다.

여름이 되면 울창한 숲이 우거진 그늘 밑에서 모든 성도들이 여러 가지의 차를 마시면서 이야기꽃을 피우기도 합니다.

더욱이 우리 교회는 구역예배를 이곳 전원교회에 올라오면서 드리지 않도록 하였습니다.

그 이유는 성도들이 자신들의 가정을 오픈하기를 꺼리시는 분들도 있었습니다.

그래서 낮 예배를 마치고 점심 식사를 나눈 후에는 기관별로 기도회를 가집니다.

기도회에 한번 모이면 포도 알 하나씩 포도송이에 달게 하였습니다. 교회 뒤편에는 포도송이를 세 개의 남전도회와 네 개의 여전도회로 나뉘어서 기관별로 하나씩 만들어 두었습니다. 그 포도송이에 포도 알이 하나씩 하나씩 맺히게 하였습니다.

그리고 전도하여 한분씩 교회에 정착하게 하면 포도 알 5개씩 달게 하였습니다.

일 년 동안 포도송이에 가장 많이 포도 알이 맺힌 기관에게는 우리교회 창립 기념 주일에 통계 발표를 교회 앞에서 합니다.

그리고 제일 많이 맺힌 기관은 제주도로 2박 3일간의 여행을 보내주기도 하였습니다.

이러한 모임을 통하여 기관별로의 교제를 나누며 이것을 구역예배로 대체하였습니다.

그러다 보니 많은 모임의 장소가 필요했으며 벗나무 그늘은 더없이 좋은 모임의 장소가 되어 그곳에서 찬송을 부르며 기관별로 교제를 하면서 여러 가지의 차를 마시면서 이야기꽃을 피우는 장소가 됩니다.

또한 단풍나무도 100여 그루가 심기여 있는데 홍단풍은 봄부터 붉게 물들어 보기가 매우 아름답게 물들어 있으며 청단풍은 가을에 붉게 물들어 아름다운 경관을 한층 더 아름답게 합니다.

우리 교회 부지에서는 온갖 큰 돌들이 나왔는데 나온 자연석으로 아름답게 조경을 하였습니다.

조경을 한 그 곳에 3000여 그루의 연산홍을 심었습니다. 곳곳마다 봄부터 가을까지 형형색색의 아름다운 꽃들로 수놓아져 있기도 합니다.

교회의 땅을 살 때에 매력적인 것 하나는 국가 유공자라고 하는 모 할아버지가 돌담을 30여 년간이나 손으로 쌓아서 단감나무를 계단을 만들어 나무를 심어놓았는데 참으로 좋은 경관이기도 합니다.

경계가 되는 곳에는 조그마한 돌들로 돌담을 쌓아두었습니다. 그러므로 과수원 전체가 돌담으로 쌓여져 있어서 보는 이들이 신기해 하기도 하여 포즈를 취하여 가면서 사진을 많이 찍기도 합니다.

그 곳이 제법 하나의 명물이 되기도 하여 꼭 제주도에 온 기분이 난다고들 합니다.

교회 부지를 살 때에 심겨져 있는 우리 교회의 과수원인 300여 그루의 단감나무를 성도들이 즐거움으로 정성껏 가꾸어서 가을에는 단감을 함께 딴 후에는 가져가고 싶은 대로 성도들이 가져가기도 합니다.

또한 산에서 흐르는 자연수로 연못을 만들어서 금붕어들과 많은 고기들이 수영을 합니다.

많은 물고기들이 수영을 즐긴 물들은 기나긴 잔디밭 밑으로 파이프를 타고 물이 사슴우리로 내려가서 사슴들이 그 물을 먹고 자라나도록 항상 물이 흘러넘 치도록 하였습니다.

개척하는 나에게 모 교회의 장로님께서 사슴 암수두 마리를 선물로 주셨습니다.

그 장로님은 사슴뿔로 즉 녹용으로 잘 달여서 약을 지어서 저의 건강을 유지하라고 하셨습니다.

그리고 친히 그 사슴을 차에 실어서 보내 주셨는데 얼마나 감사하였는지 모릅니다. 그 장로님께서 사슴을 기르는 방법과 녹용을 자르는 방법을 모두 가르쳐 주셨습니다.

나는 그 녹용으로 일 년에 한차례씩 녹용을 썰어서 한약 재료를 많이 넣어 밤새도록 달인 후에 전 성도들과 함께 그 하루를 떡과 과일 그리고 녹용을 달인약을 함께 먹기도 하면서 하루를 야외 강당에서 즐기기도 하였습니다.

그런데 그 사슴이 몇 년을 잘 지내오다가 가출을 하여 영영 돌아오지 아니하여 섭섭하기도 합니다.

15%의 가능성

우리 교회에 지하수를 개발할 때였습니다.

우리 교회의 지역은 1000만원을 주어도 난공사라고 하여 지하수 개발하시는 많은 분들께서 개발을 모두 꺼려하는 곳이었습니다.

그런데 뜻밖에도 전혀 모르는 어떤 분이 400만원에 개발하여 주겠다고 하여 얼마나 감사하였는지 모릅니다.

그분은 지하수가 흐르는 곳을 찾더니만 물이 있겠다고 하면서 여러 곳을 지정해 주어서 나는 한 곳을 지적하였으며 그곳에 공사를 시작하였습니다.

공사를 시작하고 46미터 정도 들어가니 뜻밖에도 화광석이 나오게 되었습니다.

그 분이 말하길 화광석 밑에는 85% 정도 라고 하였습니다.

그분은 다른 곳을 파야 된다고 씁쓸해 하였습니다. 저는 그 분에게 "그러면 이곳을 파면 15%는 물이 있겠네요."라고 물었습니다.

그 분은 가만히 생각하여 보더니만 "그건 그렇지요" 라고 하였습니다.

그래서 나는 15%의 가능성이 있으면 물이 나올 때까지 파봅시다. 라고 했습니다.

나는 지금껏 살아오면서 15%의 가능성만 있으면 주저하지 않고 시작하였습니다.

사람들은 이리 저리 재어보고 난 후에 그리고 돌다 리도 몇 번이고 두드려본 후에 완벽하면 일을 시작하지만 그러다 보면 해는 저물어 버리고 맙니다.

그리고 결국은 아무 일도 하지 못하고 후회 할 때가 많음을 체험했습니다.

우리 인생길에서의 기회는 항상 나를 기다려 주지는 않고 일 할 수없는 밤이 오고야 맙니다.

물론 15%의 가능성을 가지고 나아가면 시행착오도 있는 것은 사실입니다.

하지만 지나놓고 나면 주저하며 일 못하는 것 보다는 훨씬 낫다는 것을 알게 되었습니다.

그래서 다시 파기 시작하였는데 화광 석을 20미터 정도를 파고 난 후였습니다.

그분이 말하길 목사님 화광 석을 파다가 보면 화광석이 너무 강한 바위이기에 바위를 뚫는 기계가 마모가 되고 자칫하면 기계가 부러지면 약 1.000 만 원정도의 손해를 보게 된다고 하였습니다.

그러면서 그분은 원래 지하수 개발을 할 때에는 여러 곳을 파는 경우가 많기 때문에 유독 이곳만 고집할 필요가 없다고 하였습니다.

나는 그런 일이 생기지 아니할 터이니 계속하여 물이 나올 때까지 파자고 했습니다.

그리하여 화광석만 60여 미터를 뚫고 얻은 물이 우리 교회의 지하수입니다.

화광 석을 뚫고 나니 시멘트 가루처럼 돌가루가 단감나무 과수원을 희게 만들었습니다. 지하수를 판 그 주위는 아예 돌가루로 무슨 시멘트 만드는 공장처럼 되어버렸습니다.

그런데 이 지하수를 수질 검사를 한 결과 경남에서는 제일 좋은 물이라고 하였습니다.

그래서 수질 좋은 지하수가 하루에 400여 톤 이상퍼내어도 끊임없이 쏟아져 나와서 성도들과 많은 분들이 물을 길러 가기도 합니다.

주말에는 교인들이 모여 성도의 교제를 나누며 주말 농장을 가꾸기도 합니다.

들깨랑 상치, 고추, 파, 호박, 감자, 옥수수, 토마토, 더덕참나물 등등 많은 농작물을 가꾸고 있어서 그것으로 반찬을 지어 먹기도 합니다.

또한, 아름다운 공원도 조성되어 있어서 창원시를 한눈에 내려다볼 수 있습니다.

창원시를 내려다보면서 차를 마시면서 대화의 광장을 조

성하기도 하였습니다.

또한 300 여명이 돌 의자에 앉을 수 있는 야외 강당을 만들어 놓았습니다.

크고 넓은 돌을 골라서 고인돌로 강대상을 만들었으며 자연석으로는 돌 의자를 만들어서 돌 의자에 앉아서 야외 예배를 드리기도 합니다.

또한 이 강당을 무료 결혼 예식장으로도 활용되고 있기도 하며 결혼 예식을 올리기도 하였습니다.

넓은 잔디밭은 어린이들이 마음껏 뛰어 놀 수 있는 공간으로 활용되기도 합니다.

운동경기 (족구, 농구)를 할 수 있는 잔디밭 공간이 되어 있기도 합니다.

어린이들이 콩콩(트램플린)뛰어노는 조그마한 시설도 만들어서 마음껏 즐기고 있습니다.

넓은 주차장은 이곳저곳에 여러 곳에 주차할 수 있도록 확보 하고 있습니다.

무더운 여름철에 어린이들이 시원하게 즐길 수 있는 수영장을 만들었습니다.

어린이들이 물장구를 치기도 하고 그 물로 가뭄에는 단감나무 300여 그루의 물을 주는 저수지 역할도 하게 하였습니다.

교회로 오시는 길에는 대나무 숲과 소나무 숲이 있습니

다. 또한 좋다고 하는 편백나무가 숲을 이루고 있어서 자연 풍경이 매우 아름답습니다.

그 숲을 지날 때 마다 자연의 싱그러움을 느낄 수 있기도 합니다.

그 옛날 농촌의 정감이 가는 교회이기도 하며 뜨겁게 기도하는 동산이기도 합니다.

아름다운 교회건설을 위하여 오늘도 모든 성도들이 헌신 봉사하며 섬기고 있습니다.

금년에는 마창 대교에서 부산가는 길을 닦고 있는데 금년 말에 완공이 된다고 합니다.

벌써 제 2 터널은 개통 되었으며 저희 교회 바로 밑에 부산과 마산 그리고 진해로 오르내리는 인터체 인지를 건설하였는데 이미 완공이 되었습니다.

그 길 밑 도로를 우리 교회로 오는 길로서 2 차선의 도로는 지금 건설되고 있습니다.

이 모든 일들은 오직 하나님의 놀라우신 섭리와 하나님의 사랑이기에 늘 항상 감사를 드립니다.

바라기는 초대 교회처럼 아름다운 교회를 건설하여 가려고 모든 성도들이 힘쓰고 있습니다.

하나님의 영광만을 위해 일하는 교회!

이웃에게 비난 받는 교회가 아니라 사랑과 칭찬 받는 교회!

인본주의로 나아가는 사람중심의 교회가 아닌 신본주의 오직 말씀과 하나님 중심의 교회!

말씀 안에서 참된 삶의 길을 배우고 실행 하는 교회가 되길 원하고 있습니다.

우리 주님 오시는 날 인정과 칭찬 받는 교회를 세워 나아가는 것이 나와 우리 모든 성도들의 꿈과 소망이기도 합니다.

일천 번 예배

아마 1986년경으로 생각을 합니다.

내가 안동에 있을 때였는데 그 해 여름은 유난히 그리고 너무나 더운 여름철이었습니다.

그때는 냉방시설이 교회마다 잘 갖추어 지지 않은 때였기에 나는 그때 나의 아내와 함께 이럴 때에 멋있는 계획을 세우기로 하였습니다.

그것은 솔로몬은 일천번제를 드렸다고 하는데 우리도 한 번 일천 번 예배를 드리자고 했습니다.

주일 낮 예배와 밤 예배 수요예배와 새벽예배를 제외한 예배를 아내와 함께 일천 번을 드려보자고 약속을 하고 그 다음 날부터 시작하였습니다.

그리고 일천 번 예배드리는 방법은 아내와 함께 찬송 1장을 하고 사도신경으로 신앙 고백을 한 후에 시편 150편이니 한번 드릴 때마다 1편씩 교독하고 난후에 아내가 먼저 하나님께 기도하고 그리고 내가 기도한 후에 주기 문으로 마치기로 하였습니다.

그리고 하루에 무슨 일이 있어도 10 번씩 예배드리기로 정하였습니다.

한번 예배를 드리는 시간은 부지런히 드려도 15 분에서 20 분정도 걸렸습니다.

한번 예배를 드리고 난 다음에 잠시 쉬었다가 다시 예배를 드렸습니다.

그 예배를 시작하고 난 뒤로 부터 손님들이 더 많이 찾아 오는 것 같은 느낌이었습니다.

성도들의 심방도 더 많이 요청 하는 듯하였습니다.

너무나 더운 여름철에 시작을 하였는데 정말 땀이 많이 나기도 하였습니다.

이렇게 드리다가 보니 100일의 날들이 오직 하나님께 예배드리는 날들이 되었습니다.

여름인 데에도 심방과 손님들이 찾아오는 것이 더 심한듯 하여 예배 시간을 바꾸었습니다.

새벽 예배 갔다가 와서 아내와 함께 부지런히 5번 예배를 드렸습니다.

그리고 아무리 피곤하여도 잠자기 전에 5번 예배를 드려야만 잠을 잤습니다.

그해 여름이기에 교회에서 휴가를 가게 되었는데 멀리 갈 수가 없었습니다.

가는 길에도 잠시 쉬어가는 장소에서는 어김없이 예배를 드렸습니다.

그러다가 보니 물 좋은 곳이라든지 명산 보다는 예배드리는 장소를 우선 선택해야만 했습니다.

휴가에 좋은 장소라든지 쉴 수 있는 휴식처는 우리하고는 거리가 멀었습니다.

텐트를 치고 시냇물 가에서 발을 물에 담그고 계속 예배를 드렸습니다.

발을 물에 담그고 정말 시원스러운 자세로 예배를 드릴 때에 기도를 더 많이 하게 되어 예배시간이 한층 더 길어져서 이것이 바로 천국이 구나를 외치기도 하면서 찬송을 더 많이 부르기도 하였습니다.

예배를 통하여 하나님께 더 가까이 가는 것 같아서 얼마나 보람되고 기뻤는지 모릅니다.

그해는 참으로 무더웠던 여름휴가였지만 그렇게 예배드리면서 보냈습니다.

교회로 돌아왔으나 더욱 뜨겁고 더웠지만 계속하여 쉬 임없이 예배를 드렸습니다.

그해엔 오직 예배밖에 생각나지를 않았습니다.

주일날엔 정말이지 10번의 예배는 바쁘고도 바빴으나 예배드린다고 성도들에게 말을 할 수없는 터였기에 모든 예배를 정성껏 인도하고 아내와 함께 열 번의 예배는 더욱 정성껏 드렸습니다.

주일날은 나에게는 더욱 피곤하기도 하였지만 예배를 다 마치고 나면 뿌듯하였습니다.

이렇게 정성을 다하여 드린 예배는 100 일 만에 1.000 번의 예배를 다 마치게 되었습니다.

나는 그날 얼마나 기뻤는지 모릅니다.

솔로몬의 일천번제를 생각하고 있었기 때문입니다.

"이에 왕이 제사하러 기브온으로 가니 거기는 산당이 큼 이라 솔로몬이 그 단에 일천 번제를 드렸더니 기브온에서 밤 에 여호와께서 솔로몬의 꿈에 나타나시니라 하나님이 이르 시되 내가 네게 무엇을 줄 꼬 너는 구하라."(왕상3:4-5) 고 하셨습니다.

어리석게도 나에게도 가느다란 꿈도 이루어지리라고 기 대가 되었으며 꿈이 부풀었습니다.

그 이유는 솔로몬에게 하나님께서 꿈에 현몽하시어 내 가 너에게 무엇을 줄 꼬 내게 구하라고 하셨던 그일 때문이 었습니다.

물론 솔로몬의 일천번제와 나와 아내와의 일천 번 예배 는 분명히 다릅니다.

하나님께서 솔로몬에게 구하라고 하시니 솔로몬은 지혜 로운 마음을 구하였다고 하였습니다.

"내가 네 말대로 하여 네게 지혜롭고 총명한 마음을 주노니 너의 전에도 너와 같은 자가 없었거니와 너의 후에도 너와 같은 자가 일어남이 없으리라."(왕상3:12) 고 하나님께서는 솔로몬에게 전무후무한 지혜를 주셨다고 하였습니다.

더 놀라운 것은 솔로몬의 원하는 것 이상의 모든것을 하나님께서 넘치도록 주셨다고 하셨습니다.

나와 나의 아내도 하나님께 원하는 것이 있었습니다. 이것은 나와 아내만이 알고 있는 비밀입니다.

이것은 누구에게 말하면 안 될 것 같습니다.

일천 번 예배를 마치던 날 밤 나와 아내는 깨끗이 목욕재계를 하였습니다.

그리고 하나님께서 꿈에 나타나시어 내가 너에게 무엇을 줄꼬 라고 물으시면 우리는 이것을 달라고 하나님께 구하자고 다짐을 하였습니다.

설레 이는 마음으로 마지막 일천 번 예배를 하나님께 드리고 잠을 자려고 하니 잠이 오질 않습니다.

너무나 기대가 컸고 마음이 너무 떨려 왔기 때문입니다. 그러다가 둘이 깊은 잠이 들었습니다.

새벽 예배의 시간을 알리는 알람 소리를 듣고 깜짝둘이서 일어났습니다. 그리고 서로 얼굴을 쳐다 보면서 기대에 부풀어 약속이나 한 듯이 똑같이 물었습니다.

혹시 당신에게 하나님께서 현몽 하셨냐고 서로 물었습

니다. 서로의 대답은 실망에 가득 찬 눈빛으로 아니라고 하였습니다.

아내와 둘이서 새벽 예배에 나갔습니다.

그리고 새벽 예배를 마친 후에 들어가서 다시 잠을 자자고 하였습니다. 혹시 새벽 예배 마친 다음에 하나님께서 나타나실지 라는 기대 속에서 말입니다.

아내와 둘이서 약속이나 한 듯이 조용히 아무 말도하지 아니하고 잠을 청하였습니다.

아침이 되어서 아내와 둘이 일어나게 되었습니다. 그리고 서로 얼굴을 처다 보면서 물어보지도 아니하고 아내와 둘이서 웃었습니다.

결국 하나님께서는 나와 아내에게 현몽하시지 아니하셨으므로 조금 실망스럽기도 하였습니다.

그러나 지난 100일 동안 예배를 드리면서 하나님과 가까워진 일들이랑 예배를 드리면서 하나님께로부터 받은바 은혜가 너무나 컸습니다.

나는 아내와 함께 하나님께 다 시 한번 감사의 예배를 드리고 일천 번 예배를 모두 마쳤습니다.

그 이후 하나님께서는 나에게 놀라운 은혜를 베풀어 주셨기에 너무 만족하고 감사를 드립니다.

그 전까지만 하여도 나에게는 설교 준비하는 것이 조금 힘도 들었으며 신경도 많이 쓰여 졌는데 이제 설교 준비하는 것이 나에게는 너무나 즐겁고 감격 속에서 준비하게 되었습니다.

성경 어느 구절 한절이라도 나에게 주어지면 그 자리에서 말씀을 준비합니다.

그 말씀을 30 분이든지 한 시간이든지 그저 은혜롭게 말씀 증거 하게 되었습니다.

그래서 나는 시간이 나는 대로 말씀을 준비하는 것이 즐거움이 되어 버렸습니다.

나는 그해에 T 교단에서의 교역자 세미나에 두 시간 강의를 하게 되었습니다.

나는 일천 번 예배에 대하여 나의 체험담을 소개하면서 강의를 하게 되었습니다.

그리고 A 시에서 나는 시연합회 회장을 맞게 되었는데 시연합 예배 시에 역시 일천 번 예배에 대하여 나의 체험담을 소개하게 되었습니다.

그 이후 일천 번 예배가 많이도 확산이 되었는데 아쉽게도 일천번제로 바뀌어 버렸습니다.

나는 오직 일천 번 예배를 하나님께 정성을 다하여 하루에 열 번씩 드렸습니다.

나는 일천 번제를 드리지는 아니하였습니다.

나는 창원 전원교회에서 일천 번 예배를 드려야겠다. 고 교회 앞에 광고 하였습니다.

참여 할 분들은 자유롭게 참여하라고 하였습니다.

제법 많은 성도들이 일천 번 예배에 참여하였습니다.

그 때의 우리교회에서의 일천 번 예배는 저녁에 성도들이 교회에 나와서 5 번을 나와 아내가 드리던 방법대로 정성을 다하여 예배를 드렸습니다.

그리고 성도들은 집으로 돌아가서 자유롭게 시간을 정하여 하루에 5 번을 드리게 했습니다.

처음 시작 할 때엔 제법 많은 분들이 참여하였는데 마지막 까지 가는 분들은 많지 않았습니다.

그러나 그때에 끝까지 참여하셨던 분들은 너무 기뻐하고 감격해 하였습니다.

예배는 오직 하나님을 위하여 드리는 것입니다.

예배를 내가 하나님께 무엇을 얻기 위하여가 될 때에는 커다란 문제 됩니다.

예배는 나를 위하여! 복을 받기 위하여! 성공하기 위하여! 평안을 얻기 위하여가 아닙니다.

오직 여호와를 위하여 여호와의 영광을 위하여가 되어야 참된 예배가 되는 것입니다.

그런데 일천 번 예배를 드린 이후에 우리 성도들은 모두가 은혜 받았다고 하고 복되었다고 하였습니다.

이일은 상세히 기록할 수가 없을 것 같습니다.

자칫하면 사마니즘이 될까 두렵기 때문입니다.

(시73:28) "하나님께 가까이 함이 내게 복이라 내가 주 여호와를 나의 피난처로 삼아 주의 모든 행사를 전파 하리이다." 라고 하셨습니다.

예배를 통하여 하나님을 더욱 가까이서 섬기는 것은 사실입니다.

나의 딸들은 자녀들의 이야기를 하여 송구스럽습니다마는 임신을 하고나면 일천 번 예배를 드리고 있다고 하면서 해산할 때 까지 예배를 다 마친다고 하므로 나에게는 얼마나 기쁜 일이였는지 모릅니다.

자녀들에게 좋은 본을 보인 것 같아 얼마나 감사한지 보람을 느끼기도 합니다.

교사 강습회

몇 년 전에 H 교단에서 주일학교 교사 강습회를 해달라는 부탁을 받게 되었습니다.

그 교단에서는 우리 교단과는 달리 많은 목사님들과 교사들이 열심히 참석하였습니다.

또한 열정도 대단하였던 것으로 기억합니다.

본받을 만하다고 말만한 것이 아니라 실제적으로 정말 부러울 정도였습니다.

특히 목회자들이 참으로 많이 참여 한 것이 특징이기도 하였습니다.

강의를 마치고 질의응답 시간이 있었습니다.

그때에 나는 참으로 많은 질문 공세를 받았습니다.

그때는 교사들만이 아니라 목회자들이 나에게 더 많은 질문 공세를 폈습니다.

그중에 기억나는 것은 주일 학교 교사로 열심히 봉사 하였는데도 잘 성장하지 않는다는 이야기와 교회 성장에 있어서 나의 양들을 다른 대형 교회에서 빼앗아 가므로 마음에 깊은 상처를 받은 적이 많다는 이야기들이였습니다.

특히 도회지 교회에서 겨우 100여명의 성도들이 모여서 자립하고 재미있었는데 갑자기 부근에 대형 교회가 들어와서 양떼들을 다 빼앗아 갔다는 것입니다.

그 때에 나는 그분들을 크게 위로해드리지는 못하면서 이런 말씀을 드렸습니다.

나의 이런 저런 말을 하여 위로 하는 것보다는 하나님의 말씀으로 위로도 하고 권면도 하고 싶어서 나의 평소에 가지고 있는 사상을 답변하게 되었습니다.

그때 당시의 그들과 함께 앉아서 대화했던 내용을 잠시 이면에 소개 하여 볼까합니다.

예수님께서 베드로에게 말씀하신 요한복은 21장의 말씀 아마도 누구나 잘 아는 말씀이기도 하지만 그 말씀으로 두 가지로 말 한 적이 있습니다.

"저희가 조반 먹은 후에 예수께서 시몬 베드로에게 이르시되 요한의 아들 시몬아 네가 이 사람들보다 나를 더 사랑하느냐 하시니 가로되 주여 그러하외다 내가 주를 사랑하는 줄 주께서 아시나이다. 가라사대 내 어린 양을 먹이라 하시고 또 두 번째 가라사대 요한의 아들 시몬아 네가 나를 사랑하느냐 하시니 가로되 주여 그러하외다 내가 주를 사랑하는 줄 주께서 아시나이다. 가라사대 내 양을 치라 하시고 세 번째 가라사대 요한의 아들 시몬아 네가 나를 사랑하느냐 하시니 주께서 세 번째 네가 나를 사랑하느냐 하시므로 베드로가 근심하여 가로되 주여 모든 것을 아시오매 내가 주를 사랑하는 줄을 주께서 아시나이다. 예수께서 가라사대 내 양을 먹이라."(요21:15-17) 고 하신 주님의 말씀입니다.

첫째는 교회의 양에 대한 교훈이었습니다.

오늘 날 많은 목회자들이 크게 오해하는 것 중에 하나가 성도들이 모두가 나의 즉 자신의 양으로 착각 하고 있다는 것입니다.

양은 주님의 양이지 어느 특정인의 양이 아니라는 것입니다. 그런데 목회자들 중에는 내양으로 생각하기 때문에 성도를 함부로 대하는 분들도 있으며 자기의 양으로 생각하기 때문에 성도들을 쟁탈하는 쟁탈전이 일어나는 것입니다.

주님의 양이라고 하면 결코 함부로 대하려고 해서도 아니 되며 쟁탈전이 일어나서도 더더구나 되지 않는 다는 사실입니다.

나는 교회관리 집사님에게 공적인 일과 사적인 일을 구분하여 대하였습니다.

내 개인의 일을 부탁 할 때에는 이해를 구하고 정중히 부탁하였습니다.

교회 관리 집사님은 주님의 양이기 때문입니다.

자기는 무슨 상전이나 된 듯이 하고 자기의 하인 취급하는 것은 잘못된 것입니다.

주님의 양이지 결코 나의 양도 아니며 나의 하인도 아니라는 것입니다.

어떤 목회자는 성도들을 대하는 데에도 함부로 대하는 분들을 가끔 봅니다.

주님께서는 세 번이나 베드로의 양이라고 하시지 아니하시고 나의 양(주님)이라고 강조하시면서 내양을 치라하시고 먹이라고 하셨습니다.

주님의 양이기 때문에 두려움으로 대하고 정성 다하여 꼴을 준비하고 먹여야 합니다.

주님의 양이기에 쟁탈전은 있을 수가 없으며 그렇게 해서도 안 됩니다.

두 번째로 교회의 성장입니다.

목회자들은 자나 깨나 교회 성장을 위하여 염려하고 노력하고 있습니다.

교회의 성장은 주님을 기쁘시게 해 드리려고 하는 목적도 있지만 그 이면에는 자신의 유익이 오히려 더욱 많다는 것은 부인 할 수없는 현실입니다.

교회가 성장하여야 큰 소릴 칠 수도 있고 인간적으로 자신이 높아지기 합니다.

또한 인본적인 정치도 할 수 있고 그래야 어디가도 대접을 받을 수가 있기 때문입니다.

그러므로 교회 성장을 위해서 목회자는 수단과 방법을 가리지 아니합니다.

세상적인 교육 방법이라든지 현실에 맞는 환경이라 든지 성경적인 방법은 뒤로 한 채 세상 따라가면서 이상한 방법을 추구하고 교회 안에서도 그러한 세상적인 방법들이 판을 치고 있는 실정입니다.

교회 성장에 어떠한 방법을 사용하였더니 교회가 크게 성장했다더라고 하면 앞 다투어 그것들을 도입 하려고 목회자들이 애를 쓰고 노력하고 있습니다.

그것이 설령 성경과 위배되는 일이어도 흔쾌히 받아들이고 있습니다.

그래서 교회 안에서도 이젠 예수님 당시의 예루살렘 성전 안에서 자행되던 일들이 오늘날 교회 안에서 버젓이 일어나고 있음을 보고 의분을 내어 이를 외치는 소리가 있어야 될 줄 압니다.

예수님께서는 노끈으로 채찍을 만드시어 그들을 내어 쫓아버리시면서 내 집을 강도의 소굴로 만든다고 책망하시고 의분을 나타내시기도 하셨습니다.

주님께서는 베드로에게 내 양을 치라 하시고 또 먹이라는 명령을 하시기 전에 하신 말씀은 네 가 나를 사랑 하느냐라고 세 번이나 물으셨습니다.

베드로가 "그렇습니다." 라고 대답하자 내 양을 치라 하시고 먹이라고 하셨습니다.

교회 성장이라든지 주님의 양을 치는 일이라든지 먹일 수 있는 자의 자격은 먼저 우리 주님을 사랑하는 것이 우선이 되어야 함을 말씀하고 있습니다.

목회자는 어떤 세미나 참석도 중요하고 어떤 프로그램을 도입하여 세상이 깜짝 놀랄만한 일들을 하는 것도 대단히 중요하다고 생각합니다.

그러나 정말 주님의 참된 양을 치는 일과 양을 먹이는 자의 자격자는 주님을 사랑하는 목회자가 될 때에 주님의 참 양을 먹일 수 있는 자일 것입니다.

이렇게 볼 때에 목회자는 주님을 사랑하는 것이 무엇인가를 알아야 합니다. 아니 우리 주님을 사랑하는 일을 말씀 안에서 찾아서 그 일을 힘써 행하여야 합니다.

무엇보다도 그 일이 무엇인지를 연구하고 기도하고 말씀 묵상하여야 합니다.

주님을 사랑하는 일은 주님께서 기뻐하시는 일을 하는 것이라고 생각합니다.

우리 주 하나님께서 기뻐하시는 일이 무엇인지를 늘 생각하고 살아가야 합니다.

나는 이러한 말씀으로 증거를 하였더니 많은 목회자들이 공감을 하였습니다.

맺는 말

지나온 나의 인생 여정은 오직 하나님께서 함께하셨으며 하나님께서 시시 때때로 간섭하시고 섭리하시며 인도하여 주셨습니다.

오직 하나님의 은혜로 이곳까지 왔습니다.

어려웠던 일들도 많고 많았으나 그럴 때마다 주님께서 도와 주셨습니다.

"우리가 이 보배를 질그릇에 가졌으니 이는 능력의 심히 큰 것이 하나님께 있고 우리에게 있지 아니함을 알게 하려 함이라 우리가 사방으로우겨 쌈을 당하여도 싸이지 아니하며 답답한 일을 당하여도 낙심하지 아니하며 핍박을 받아도 버린바되지 아니하며 거꾸러뜨림을 당하여도 망하지 아니하고 우리가 항상 예수 죽인 것을 몸에 짊어짐은 예수의 생명도 우리 몸에 나타나게 하려 함이라 우리 산자가 항상 예수를 위하여 죽음에 넘기 움은 예수의 생명이 또한 우리 죽을 육체에 나타나게 하려 함이니라."(고후4:7-11)라고 하였습니다.

개척을 하고 어려운 가운데에서 목회를 하면서 이 세상을 살아가노라면 예상치 못하는 일들이 많이도 당할 때가 있었는데 그 때엔 정말 길이 막혀 한치 앞도 보이질 않았습니다.

그러나 주님께서는 막혀버린 내가 걸어가는 그 길을 반드시 열어 주셨습니다.

"우리가 알거니와 하나님을 사랑하는 자곧 그 뜻대로 부르심을 입은 자들에게는 모든 것이합력하여 선을 이루느니라."(롬8:28)

막힌 길 열어 주시는 하나님을 사랑합니다.
막힌 길 열어 주시는 하나님을 찬양합니다.
이 책을 읽는 모든 분들께 하나님의 은총이 함께하시길 기원합니다.
지금껏 나의 자랑이 있었다면 용서를 구합니다.
이 책을 읽어 주신 모든 분들께 감사를 드립니다.

이 책을 읽으신
모든 분들께
감사를 드립니다.